JN409347

따뜻한 저녁

따뜻한 저녁

김영덕 수필집

수필과비평사

책머리에

샛노란 은행잎 나비가 하늘하늘 춤을 추는 설레는 맘으로
오랜 세월 낙서처럼 써 두었습니다.
어릴 적 할아버지 곁에서
먹을 갈아드렸던 그리움으로 쓰고 싶었습니다.
할아버지는 여성의 바깥출입을 엄히 단속하며,
딸들은 담 안에서 순종하는 내간체로만
양육하려 하셨습니다.
향교를 다니시는 할아버지의 섬에 갇힌 채
사춘기를 보냈고,
중매결혼으로 꽃가마를 탔습니다.
참 열심히 살았습니다.
그러나 늘 가슴 속 깊이
웅크린 그리움의 끈을 놓을 수가 없어

여수전남대학교 평생교육원
문예창작과정의 문을 두드렸습니다.
팽개쳐둔 나를, 이곳에서 나의 꿈을 만났습니다.
그리고 두 분 선생님을 만난 것 또한 행운이었습니다.
따뜻한 격려로
펄 속에 깊이 박혔던
원형의 그리움을 끌어올릴 수 있었습니다.

한동안 평온했던 여정에 시련이 다시 닥쳐
또 다른 섬에 닻을 내려야 했습니다.
이제 겨울 석양별 같은 생의 끝자락에서 일어나
알몸으로 섰습니다.
삼십 년 넘게 남의 옷을 만들면서도

나만의 오롯한 옷 한 벌이 없었습니다.

아직 서툴지만,

이제 조각조각 모아서 옷 한 벌 장만하는 것 같아 참 기쁩니다.

하늘에 계신 할아버지와 부모님, 고맙습니다.

예쁜 그림 그려준 사랑하는 외손녀인 연서,

내 든든한 보험들,

또 책을 예쁘게 꾸며 주신

《수필과비평사》에 고마움을 전합니다.

이 모두를 지켜주신 하나님, 감사합니다.

2018 5월에

김영덕

따뜻한 저녁

|차례|

1부 세상살이

2부 간병일기

3부 뭍으로 가는 배

4부 추억

5부 가족이란

6부 여행

1부
/
세상살이

기쁜 날

날마다 오르락내리락하는 아파트 엘리베터 안에서 어린애들을 만나면 참 사랑스럽고 귀엽다. 게다가 단정한 원복에 가방을 메고 "할머니 안녕하세요?" 하고 인사를 하면 꼭 껴안아 주고 싶도록 대견하고 예쁘다. 우리 손자나 손녀 또래이려니 생각을 하면 더욱 그러하다. 그리고 그 아이의 활짝 웃는 얼굴에서 그 가정의 행복하고 따뜻한 분위기를 볼 수 있어 내 마음까지 훈훈해진다.

그러나 침울한 표정의 어린이를 만났을 때는 혹시 학교에서 친구끼리 다투기라도 했을까, 아니면 엄마한테 무슨 걱정거리가 있을까 염려가 되어 지나간 뒤에도 한참을 뒤돌아보게 된다.

내가 어릴 적에는 할아버지 할머니 무릎에서 옛날이야기는 물론이고 관운장의 무용담이나 혹은 속담, 명언, 위인들의 이야기를 들으며 자랐다. 아직도 그분들의 사랑이 내 안에 자리 잡고 있어 이 시대를 살아가는 자양분이 되고 있다.

평소에 어떻게 하면 우리 손자들에게 내 기억 속에 살아계시는 옛날 우리 할아버지 할머니처럼 될 수 있을까. 궁리 중에 어린이 구연동화 자격을 얻을 기회가 있었다. 손자손녀들이 넷이고 중학생도 있지만 모두 서울 근교에 살아서 일 년에 서너 번 명절 외에는 만날 수 있는 기회가 흔치 않다. 그래서 우리 아이들을 만날 날이 다가오면 먹을거리보다는 손자손녀들과 어떻게 놀아줄까에 더 신경이 쓰인다.

지난 연초에 '지역아동센터'에서 구연동화할머니로 노인 일자리에 참여할 수 있는 기회를 주었다. 연락을 받고, 할아버지 할머니를 가족인 줄 모른다는 이 시대 아이들에게 어떻게 또 얼마나 유익하고 재밌게 해 줄까, 첫날 어떤 인사말로 시작할까 등 온통 설레는 마음으로 밤잠을 설치기까지 했다.

삼월의 시작 첫날, 이십여 송이의 봄꽃들이 방글거리고 있었다. 첫 인사를 시작으로, 미리 준비한 이름, 장래 희망, 특기 등을 적을 종이를 나눠줬다. 의사, 과학자, 농구선수, 바리스타, 유튜브 작가, 웹툰 작가, 경찰, 요리사, 선생님 등 제법 어른스러운 희망들이었다. 그런데 한 어린이는 희망란에 살인자라고 써놓았다. 나는 짓궂은 장난꾸러기가 만화 흉내라도 냈을까, 하고 "장난으로 쓰면 안 되지요." 했더니 "진짜로 썼어요." 한다. 그 다음 주에 "사람의 희망이란 자주 바뀔 수도 있어요. 희망을 바꾸고 싶은 사람?" 유도질문을 해도 왜소한 그 한 녀석은 끄덕도 안 했다.

집에 돌아온 뒤에도 그 아이 얼굴이 머릿속을 떠나지 않았다. 또 다음 시간, 백지에 세모와 동그라미의 밑그림이 그려진 종이를 나눠주고 자기의 얼굴을, 또는 아빠 엄마의 얼굴들을 그리기로 했다. 역시 그 녀석이 그려놓은 얼굴은 자신은 물론이고 아빠와 엄마의 얼굴도 모두 세모 칸 속에서 눈을 부릅뜨고 온 가족이 화가 잔뜩 나 있는 모습이었다. 난 조용히 "네가 참 많이 속상하구나. 할머니한데 왜 화가 나는지 말해 줄 수 있을까?" 하니 "싫어요."라고 단호하게 말한다. 그 한마디에 더 이상할 말을 잃었다.

그 다음 시간도 그 녀석은 여전히 색종이를 접으라고 하면 손으로 꼬깃꼬깃 뭉개서 괜한 생트집을 부리며 옆 친구에게나 바닥에 던져버리곤 했다. 한 주에 한 시간 반 정도 아이들과 놀아주는 것에 불과하지만, 닫힌 그 녀석의 마음을 어루만져 줄 수는 없을까, 내 가슴은 늘 바윗덩이를 안고 있었다.

"하나님, 이 땅의 미래인 이 여린 꽃들이 어떤 비바람도, 작은 벌레라도 침범하지 못하고 따뜻한 사랑과 햇볕을 받아 정의로운 꿈과 비전을 가지고 평화로운 가정에서 마음껏 웃으며 건강하게 자랄 수 있는 세상을 만들어주십시오."

기도하지 않고는 도저히 견딜 수가 없었다.

수업시간마다 그 아이가 하는 일은 작은 일에도 큰 소리로 칭찬해 주었다. 함께하는 횟수가 더해갈수록 진심이 조금씩 통하기 시작하고 있음을 느낄 수 있었다. 그 아이가 드디어 엄마 아빠가 새벽에 들어와서 싫다고 말문을 열고는 희망을 축구선수로 바꾸겠다고 했다. 나는 어린이들 이름을 부를 때마다 항상 장래 의사 선생님 김진찰, 장래 과학자 최슈타인, 장래 축구선수 김골인…, 이렇게 불렀다.

종이학을 접을 때, 여러 아동 중에 쉽게 따라하는 아이도 몇 있지만, 저학년들이라 거의 반복 또 반복을 해야 한다. 그런데 트집만 부리던 그 녀석이 어느새 해맑은 미소로 손놀림이 빨라지면서 "선생님 많이 접어도 되지요." 전에 없이 의욕적인 눈빛으로 금세 학을 접어놓고 또 접어서 양쪽 곁의 친구들에게 나눠주고 있었다. 나는 곁눈으로 보면서 "와, 축구선수가 학 접는 선수가 됐네." 하고 칭찬을 아끼지 않았다. 수업이 끝날 즈음 "누가 많이 접었는지 모두 앞으로 내놔 봐요." 그런데 정작 그 녀석은 학이 하나도 없었다. 더욱이 놀라운 것은 그 녀석이 화를 내기는커녕, 빙그레 웃으며 "나는 또 접으면 돼요." 한다.

'오 하나님 감사합니다.'

듣기 쉽고 아름다운 우리글

꽉 짜인 일상에서 풀려난 토요일 오후, 따끈한 물속에서 쌓인 피로나 풀어 볼 양으로 친구가 운영하는 목욕탕을 향해 집을 나섰다. 길가 전봇대 옆에 칠팔 명의 남학생들이 둘러서서 깔깔거리며 떠들썩하다. 바로 앞에 영화관이 있어서 모처럼 맞은 방학 동안 친구들과 만나 영화를 보러 왔다가 장난기가 동하지 않았나 생각했다.

그러나 학생들은 전봇대 광고지에 손가락질을 하면서 "야, 골 때린다."라고 야유를 하면서 영화관으로 들어갔다.

학생들이 지나가기를 기다려 천천히 걸어가면서 전봇대에 붙은 광고지 내용이 궁금했다. 가까이 가서 보니 그것은 "미귀가자를 찾습니다."라는 제목의 광고였는데 주소, 연령 등 상세한 내용을 적은 아래에는 ○○경찰서장 백이라고 씌어 있었다. 그런데 바로 옆에는 아까 그 학생들의 글씨인 듯 보이는 빨강 볼펜으로 "치매로 길 잃은 노인을 찾습니다." 이라고 적혀 있었다. 그제야 나는 치매로 집 잃은 어르신을 찾는 광고라는 것을 알았다. 우리글 우리말로 이렇게 써 붙였더라면 누구나 쉽게 알아볼 수 있었을 것이다. 그런데 생소한 공문서를 보는 듯했다.

광고문이란 짧은 글로 쉽고 빠르게 의사 전달을 할 수 있어야 하지 않을까. 앞에서 말한 광고 제목인 한자어로 된 '미귀가자'란 말은 한 번 보고 무슨 뜻인지 알아볼 수 있는 문구는 아니다. 제목을 짧게 쓰려다 보니 그런 식이 된 것인지 모르지만, 모든 기록이 한글전용 시대에 살고 있는 우리는 이제 한자 투의 낡은 사고에서 벗어나야 하지 않을까. 표기만 한글일 뿐 내용은 한자어 일색이니 글을 이해하기 어렵다는 말은 너무나도 당연하다. '미귀가자未歸家者', 생소하다 못해 우습기까지 하다.

이런저런 생각을 하면서 목욕탕엘 들어서니 거기에도 "입욕 시 수건 불참"이라고 써 붙인 글이 보였다. 더러는 많이 듣고 보아서 익숙해진 것도 있지만, 오던 길에서 보았던, 사람 찾는 광고문처럼 읽기도 듣기도 불편하고 어색해서 아까 그 학생들 말대로 골 때렸다.

오래전 우리 아이들이 초등학교 다닐 때 누구의 집 두 아들의 '하다'와 '하균'이란 이름이 있었다. 한자 성인 장씨(張)에 우리말

이름을 붙이니 정말 부르기도 듣기도 좋은 이름이 되었다. 또 '다래와 보래'도 있어 그 이름을 듣는 순간 어찌나 신선하고 기발하던지 오랜 세월이 흐른 지금까지도 내 기억에 남아 있다. 얼마나 예쁜 이름인가. 그 이름을 지어준 부모는 참 지혜롭다는 생각을 했다. 그리고 그 아이들은 성격도 밝고, 공부도 잘할 것이라 예상했었는데, 나중에 알고 보니 역시 내 짐작이 적중했었다.

요즘 곧 태어날 첫손자의 이름을 두고 고민하고 있다. 옛 어른들은 집안의 항렬에 따라 아이들 이름을 한자로 짓는 예가 많다. 그러나 손자의 아빠가 될 아들하고 함께 듣기 좋고 쓰기 쉬운 한글 이름으로 짓자고 합의했다. 그러나 어떻게 하면 할머니가 주는 좋은 이름 선물이 될까 하고 머리를 짜 보지만 신통한 생각이 떠오르지 않는다.

이름은 그 사람의 영원한 얼굴이다. 그러니 누구에게나 오래도록 기억에 남을, 순수 우리 한글로 인상적인 이름을 손자에게 지어 주고 싶은 소망이다. 그러나 안安씨 성에 우리말 이름이, 어감으로나 뜻으로나 부르기 좋고 쓰기 좋은 꽃과 나비로 짝을 이루어야 할 텐데 벌써 몇 번이고 실패를 거듭하고 있으니 안타까운 일이다.

따뜻한 저녁

오늘은 당번이라 퇴근 시간이 늦었다. 동짓달 저녁 일곱 시는 깜깜하다. 게다가 바람까지 세차게 불어 마지막 가로수의 낙엽들이 이리저리 몰려다니는 풍경은 메마른 세정을 그대로 말해 주는 듯 삭막하다. 옷깃을 세우고 정류장을 향해 바쁘게 걷고 있는데 어디서 구수한 군고구마 냄새가 코밑을 스쳤다. 바로 앞 길가에서 대학생으로 보이는 젊은이들이 군고구마 리어카를 에워싸듯 모여 서서 "군고구마요!" 하며 외치고 있었다. '불우이웃돕기'라고 써 붙인 작은 깃발은 커다란 선거 플래카드 옆에서 처량하게 나부끼고 있다.

방한복도 제대로 입지 않은 청년들이 추운 기색도 없이 열심히 고구마를 구워내고 있는 모습은 군고구마보다 더 따뜻하게 다가왔다. 좋은 일하는 그들에게 힘을 보태자는 마음이 우선이었지만 출출하기도 해서 군고구마 한 봉지를 사서 들자 내가 갈 방향의 버스가 와서 멈췄다. 버스 안은 만원이었다. 그런데도 운전기사는 "어서 오세요." 하며 반갑게 손님을 맞아들였다. 나는 이 길을 매일같이 왕래하고 있지만 처음 듣는 인사말이었다.

비좁은 틈으로 몸을 밀어 넣고는 버스 천장에 덜렁이고 있는 손잡이에 힘을 주고 서 있었다. 그런데 바로 옆자리에 앉아 있던 삼십대로 보이는 젊은 여성이 일어서면서 자리를 양보했다. 목도리에 마스크까지 한 내가 안쓰러워 보인 걸까. 아니면 내가 벌써 자리를 양보 받을 만큼 나이가 들어 보인 걸까. 사양할 겨를도 없이 그녀에게 이끌리듯 자리에 앉고 말았다.

그 젊은이는 지퍼가 닫히지 않을 정도로 책이 가득한 가방을 메고 있었고, 손에도 동화책을 몇 권 들고 있었다. 아마도 방문교사인 듯싶었다. 하루 종일 이집 저집을 다니면서 아이들을 가르치느라 지쳐 있을 만도 한데, 자리를 선뜻 내어주는 그 젊은이의 얼굴에는 환한 미소가 번져 있었다. 고맙기도 하고 미안하기도 해서 얼른 가방과 책을 받아주었다. 그런데 그 젊은이는 도리어 나에게 감사하다면서 수줍어했다.

거리는 점점 더 어둠이 깔리며 버스는 속도를 내지 못하고 가다 서다를 반복하더니 마침내는 아예 멈춰 서버렸다. 운전기사는 "아주머니, 신호등 좀 잘 보세요. 비켜주어야 내가 운전을 하고 가지요. 오늘도 밤 열한 시다." 혼잣말처럼 중얼거리다 말고 정지된 운전대에 머리를 기댄다. 몹시 피곤해 보였다.

느리기는 하지만 얼마를 왔을까, 비좁기만 하던 버스 안은 승객이 거의 내려 몇 사람만이 남아 있었다. 기사 바로 뒷자리에 잠자코 앉아 있던 중년 남성이 심심했던지 운전사에게 말을 붙였다.

"기사님 저녁 식사는 언제 합니까?"

"어디 때가 있답니까. 정해진 시간에 종점에 도착했다면 지금이 저녁식사 시간인데 이렇게 가다간 곧장 되돌아 나와야 할 것 같습니다."

자가용, 특히 여성 승용차가 많은 데다 요즘은 선거유세 차량까지 겹쳐서 더 불편하다고 은근히 불만을 토로했다. 새벽 다섯 시에 출근해서 자정이 넘어 퇴근한다는 고된 노동에 비해 보수는 별것이 아닌 모양이었다.

그 운전사는 신풍 애양원까지 매일같이 왕복하다보면, 성치 않은 몸으로 농사를 지어 몇 푼 되지도 않는 푸성귀 판 돈을 주머니에 넣으며 좋아하는 시골 할머니들을 보면서 자기가 아직 건강한 몸으로 운전을 할 수 있어 참 감사한 일이라 했다. 그런 마음으로 최선을 다해 즐겁게 살려고 손님들에게 "어서 오세요."라는 인사말을 하지만 차가 밀리는 밤의 이 시간쯤이면 몹시 힘이 든다고 했다.

두 사람의 살아가는 이야기를 듣고 있다 보니 어느새 버스는 집 앞 정류장에 와 있었다. 나는 그때서야 군고구마 생각이 났다.

실례가 되지 않을까 싶어 잠시 망설이다가 기사님, 하고 군고구마 봉지를 내밀었다.

“아직 따뜻한데 신호 기다릴 때 드세요.”

“예, 고맙습니다.” 하고 받아주었다.

집에 돌아와서 손을 씻으려니 구수한 군고구마 냄새가 아직 손에 남아 있었다.

따뜻한 저녁이다.

보험

지난해까지 건강 상태는 가벼운 감기 정도 외에는 크게 병원생활을 하진 않았다. 고혈압이나 당뇨도 없어서 국가의료 건강보험 외에 개인보험에 대해 크게 중요한 줄 모르고 살았다. 그런데 나이 때문인지 근래에 병원을 자주 들락거린다. 그리고 치료비가 의료보험 급여 혜택 외에 상당한 액수로 내 지갑을 짓누른다. 게다가 MRI 같은 정밀검사는 아예 보험 적용이 안 될 뿐더러, 조직검사도 보험 혜택이 되는 경우와 안 되는 경우가 오락가락해서 이해하기가 참 애매하다.

젊어서 한창 일할 때 가입했던 보험은 주로 아이들 학자금을 위해 교육보험 또는 고작 사망보험이나 암보험이었다. 요즘처럼 실비나 연금보험 또는 보험을 재테크로 생각하진 않았다. 어쩌다 선견지명이 있는 분들이 있기도 했겠지만 그 시절 보험의 종류가 다양하지 못했다.

한 자리에서 삼십 년 넘게 맞춤옷 가게를 하면서 알게 된 고객들은 거의 단골 고객이라서 가족 형제처럼 서로의 생활 사정과 형편들을 허물없이 이야기하곤 했었다. 자녀들 교육문제나 결혼, 또는 시어머니와의 관계, 부부싸움 등 자질구레한 집안일들도 터놓고 지냈다. 우리 가게는 언제나 상담소 같았다.

그러면서 옷도 맞추고 찾아가고 하는 일이 자연스럽게 이루러졌다. 그때는 참 사람들 모두가 마음이 따뜻하고 정겨웠다. 그때의 결혼문화는 집에서 하객들을 위한 잔치를 하는 가정이 보통이어서 김치 담그기부터 여러 가지 잔치음식 모두를 품앗이로 했었다. 그리고 목돈을 마련하기 위해 지금은 찾아볼 수 없는 계를 하곤 했었다. 이웃이나 동네에서 서로의 사정을 거의 다 알고 있으니 계가 잘못되는 경우는 볼 수 없었다. 요즘 같으면 상상할 수도 없는 마을공동체였다.

요즘은 아파트에서 같은 엘리베이터를 타고 오르내릴 때도 서로 벽면에 붙은 거울만 응시하다가 내리곤 한다. 어쩌다 어린애들에게 "안녕하세요." 하고 먼저 인사를 해도 못 들은 체 그냥 지나가는 아이도 있어 옛날의 생활풍경이 그립기도 하다.

당시에는 자식교육이 가장 안전한 저축이며 보험이라고 굳게 믿었다. 그래서인지 그 시절 아이들은 대학교육을 마치면 거의 좋은 직장을 들어가곤 했다. 그런 다음은 착실히 저축해서 스스로 결혼하고 집 장만도 해서 부모에게 기쁨이 되었다. 그러니 몇 사람만 모여도 누구 댁 아들, 또는 건넛집 딸은 결혼자금 하고도 남아서 부모 집을 수리해 주거나 동생들 대학 등록금을 책임지고 있다며 서로 자랑삼아 이야기하는 일들이 흔한 일상들이었다.

우리 옆집은 딸 일곱에 막내로 아들 하나를 두었다. 제일 큰 딸이 간호대학을 나와 한독 간호사로 파견되어 둘째 동생을 대학 공부시켜, 고등학교 교사가 되어서 셋째를 책임지고, 셋째는 넷째를 이렇게 릴레이식으로 칠 공주 모두 대학을 마치고 든든한 직장에 다니며 막내 남동생도 대학까지 잘 마칠 수 있었다. 대학을 하나만 보내도 집안이 휘청거리는데 여덟 명을 대학을 보냈으니 대단한 형제애가 아니면 엄두도 못 낼 일이었다. 지금은 그 딸들이 합심하여 노부모 봉양에 열심이라는 소문이다. 그 시절의 흔한 풍경이기도 했다.

가게에서 일하고 있으면 우리 가게 고객 외에 그 이웃들의 형편들까지 시시때때로 알려주는 지방뉴스를 훤히 들을 수 있었다. 부모나 자녀들 모두가 서로가 사랑하고 소통하며 열심히 살아가는 믿음이 있어 좋았었다. 부모는 밤이 늦도록 할 일이 있었고 청소년들은 건강하게 잘 자라고 열심히 공부했었다. 대학만 나오면 취직은 걱정이 없던 시대였으니까.

아이들에게 지금처럼 흔한 게임중독이나 스마트폰도 없었을 뿐더러 TV도 집집마다 있지 않았다. 초등학교가 끝난 아이들은 겨울에는 얼음지치기, 자치기, 봄여름에는 축구나 물놀이를 하며 놀다가 땅거미가 질 무렵 먼지로 새까매진 얼굴로 집에 들어오곤 했었다. 상급학교에 들어가서야 공부만 하는 자녀들을 보며 부모는 가장 확실한 저축이나 보험처럼 여겼을 뿐더러 오로지 부모의 희망이자 살아야 하는 낙이었다. 자식만은 부모보다 더 많은 교육을 받아야 한다는 일념이 부모가 일할 수 있는 원동력이었다.

요즘 자녀들 키우기에 사교육비도 많이 들기도 하지만 세상이 무서워서 아이들 키우기가 더 어렵다는 말을 자주 듣는다. 옛날 그 시대에 자녀를 키울 수 있었던 게 참 행운이라는 생각을 자주하게 된다. 그 시절 덕분에 내 아들딸도 부모 실망 시키지 않고 든든하고 고마운 보험이 되고 있다.

사라져버린 참기름병

버스 정류장에 내리니 제법 바람이 싸늘하다. 서둘러 집으로 가려는데 할머니 한 분이 버스 정류장 가까이에 앉아서 보랏빛이 선명한 가지를 소쿠리에 담아놓고 팔고 있었다. 할머니의 투박한 손과 부스스한 머리와는 너무나 대조되는, 밭에서 금방 따온 것 같은 보랏빛 싱싱한 가지에 마음이 당겨 삼천 원을 주고 한 묶음 샀다. 참 싸고 많다. 그런데 또 옆집에 사는 노부부가 텃밭에서 짬짬이 키운 애호박이라며 두 개를 그냥 얹어 주었다. 보기에도 부드럽고 맛있어 보였다. 가지찜과 호박나물로 푸짐한 점심상을 상상하며 서둘러 집으로 돌아왔다.

가지에 칼집을 쪽쪽 내서 쪄 놓고 호박도 데쳐서 간장을 넣고, 참기름병을 찾으니 있어야 할 곳에 보이지 않았다. 가지찜의 양념장을 만들어야 하고 애호박나물을 무치자면 집간장과 참기름은 필수인데 참 귀신이 곡할 노릇이었다. 며칠 전 방앗간에서 갓 짠 참기름을 사왔는데 어디로 갔을까. 한참을 찾다가 맥이 풀려 단념하고 말았다.

할 수 없어 가까운 가게에서 아주 작은 양의 참기름 한 병을 사와서 양념장을 만들고 애호박나물을 무쳤다. 그러나 싱싱한 나물을 맛있게 먹겠다는 식욕은 싹 가셔버렸다. 조금 전만 해도 출출하던 뱃속이 언제 그랬냐 싶게 입맛이 금세 달아나버렸다. 기대에 못 미치는 점심 식사를 마치고 책을 펼쳤지만, 아직도 의문이 풀리지 않는 참기름병이 머릿속을 떠나지 않아 글자가 눈에 들어올 턱이 없었다. 점심이 시원찮아 냉장고 앞을 서성이다가 무심코 냉동실 문을 열어봤을 때, 이게 웬일인가 냉동실 문에 참기름 병이 꽁꽁 얼어붙은 채 세워져 있지 않는가. 내가 무의식중에 냉동실에 넣었을 것이 분명하다. 참기름 병이 걸어서 들어가지는 않았을 테니까.

순간, 정신이 아찔하고 가슴이 덜컹 내려앉았다. 가스 불에 물 주전자를 올려놓고 다른 일을 하다가 태운 횟수가 요즘 들어 부쩍 늘어나니, 이런 정신으로 오래살면 어쩌나 하는 생각을 하니 정말 아찔하다. 그렇잖아도 눈도 침침하고 허리나 몸 여기저기가 삐그덕거리지만, 나이 탓이려니 하고 감수하면서 밑천 안 드는 걷기 운동이나 꾸준히 하고 있었다.

지난해 요양원 봉사활동에 갔다가 그곳 어르신들의 무표정한 인상을 보고 충격을 받았다. 초점 잃은 눈빛에 목숨줄만 붙은 채 똑같은 머리 스타일이며 통일된 옷, 같은 시간에 습관적으로 먹고 자고 해야 하는 그들의 일상을 보니 가슴이 먹먹해져 남의 일 같지 않았다. 그리고 치매증상이 심한 어르신들은 어쩔 수 없이 취침 시간에 약간의 수면제를 쓸 수밖에 없다는 이야기를 우연한 자리에서 지나가는 말로 들었다. 그러나 거동은 불편하지만, 의식이 멀쩡한 분들마저도 모든 행동을 일사불란하게 따라야 하는 그들의 행동을 보고 있노라면, 사는 게 사는 것이 아니라는 느낌에 비애감마저 들었다.

절친한 문우 중에 아흔이 가까운 언니가 낙상을 해서 이삼 개월 병원 신세를 진 후 시골집에 돌아오셨다는 소식을 듣고 한 달포 전에 그 언니 집엘 문안 갔었다. 휑한 집안에는 자그마한 옷장에 침대 하나가 뎅그러니 놓여 있었다. 그동안 서울에 있는 병원에서 아들네의 간호를 거쳐서 딸네 집에서 요양하다가 이곳 여수집으로 돌아와 보니 노년의 유일한 벗이었던 수필에 관한 책이며 써두었던 작품들을 남김없이 깨끗이 치워버렸더라는 것이다.

"방이 깨끗해서 좋지 뭐. 날마다 먹고 자고, 먹고 자고…." 말끝을 흐리면서 먼 산을 바라보는 구순 언니의 눈에는 그렁그렁 눈물이 괴어 있었다. 건강했을 때 나이가 무색하게 열심히 수필을 써내서 합평회 때마다 그 글솜씨로 우리를 놀라게 했었는데, 인생의 끝이 허탈하기 그지없었다.

오늘 문득 그 언니의 휑했던 방을 떠올린다. 그 언니의 휑한 방이 얼마 가지 않아 내 방으로 바뀔 것을 생각하니 가슴이 싸늘해진다. '그래도 아직은 성인병을 걱정하지 않았는데….' 하고 자위해보지만 이렇게 금방 들은 말이나 손에 쥐고 있는 물건을 찾아 깜빡거리는 정신이니 당할 재간이 없다. 앞으로 이런 기억력으로 글을 쓴다는 것도 책으로 묶어보겠다는 꿈도 다 부질없는 일이다. 생각이 여기서 멈추고 만다. 그러나 아파트의 엘리베이터를 이웃과 함께 타고 내릴 때 누군가가 옆에서 "나이에 비해 아직 젊네요." 하는 인사치레에 나는 잠시나마 기분이 좋아지는 철부지가 된다.

살신성채殺身成菜

이른 아침부터 우리 주인은 산기슭 둘레 길옆 밭에서 땅을 갈아 두둑하게 고랑을 내더니 검정 비닐을 덮는다. 그런데 그 비닐은 고정적인 간격으로 구멍이 뚫려 있었다. 저녁 무렵 그 뚫린 구멍에 솜털 보송한 우리를 조심스럽게 옮겨 심는 모습은 꼭 어린 애기를 다루듯 손놀림이 조심스럽다. 주인 노부부가 이식을 다 마치고 허리를 쭉 펴고 하늘을 쳐다본다.

"구름이 끼기는 하는데 …."

비를 기다리는 마음일 게다.

이렇게 갓 옮겨져 파르르 떨고 있는 우리는 얼마 전만 해도 아주 작고 검붉은 자궁을 찢고 인간을 위한 사명을 받들고 태어났다. 두 개의 떡잎으로 처음 본 하늘이며 두 뺨에 스치는 바람이며 아직 눈이 부신 햇살은 두렵기만 했다. 엄마의 따뜻한 보살핌인

온실 속에서 한 달 가량의 날수를 젖과 영양식을 받아먹고 이유식까지 먹었다.

그리고 오늘 새벽, 엄마는 대견함과 염려와 그리고 기쁨으로 우리를 배웅하며 보냈다. 종묘사로 실려 가는 차가 보이지 않를 때까지 손을 흔들며 꼭 잘살아야 한다고 눈물까지 글썽였다. 또 좋은 주인 만나서 정식定植으로 시집갈 때까지 바깥세상에 고개 함부로 내밀지 말고 조신하게 있으라고 타일렀다.

그리고 때마침 우리 주인이 우리를 정식하기 위해 데려왔다. 진짜 시집을 온 셈이다. 시집오는 날은 날씨가 매우 중요하다. 적당히 바람도 없고 구름이 끼는 날이면 좋다. 게다가 다음날 이슬비라도 와 준다면 시집오는 택일을 참 잘했다고 할 수 있다.

옛날에는 시집온 다음날부터 큰비라도 오면 친구들이 쓸려나가거나 쓰러져 다시 새로운 친구가 들어오기도 했다. 그러나 요즘은 구멍이 뚫린 필름을 깔아서 우리를 안전하게 심어주기 때문에 웬만한 큰비에도 괜찮다. 검정 비닐을 깔아주는 것은 땅의 수분도 보호하고 잡초가 나는 것도 방지해주어 일거양득이라 하겠다. 그러나 우리가 볼 때 땅이 햇빛을 못 봐서 좀 불쌍해 보이기도 하다. 땅이 건강해야 우리들이 튼튼할 테니까.

우리 주인은 내일의 비를 예견하고 우리를 데려왔다. 그러나 어제 우리 주인의 예견이 빗나갔는지, 어젯밤 우리의 기도가 모자랐는지, 오늘 아침부터 햇볕이 쨍쨍하다. 우리들은 갑작스런 태양볕이 너무 뜨거워 견디기가 힘들다. 맏이인 나는 아직은 버틸 만한데 우리 자매 중에 가장 연약한 막내는 죽을상이다. 다행이도 우리 주인이 물동이를 힘들게 이고 와서 모두에게 목축임을 해주고 있으나, 한낮이 되면 우리 막내가 어떻게 견딜지 걱정이다.

그러나 우리의 많은 친구들 중에 또 다른 젊은 농사꾼이 경작하는 대농가로 수도 없이 시집을 많이 갔다. 그들은 비가 오든 말든 아무 걱정을 하지 않아도 된단다. 유능한 주인이 전천후 준비를 해 둔 덕분이다. 한마디로 큰 부잣집으로 시집을 간 것이다.

그곳은 주인이 모종을 정식定植한 후에는 스프링클러로 비를 내리게 해 모종들이 고생을 하지 않고도 땡볕을 거뜬히 넘길 수 있단다. 게다가 병충해가 온다는 예보가 있기도 전에 스마트폰으로 표준화 된 매뉴얼이 자동으로 알려주기도 한단다.

그리고 농약이나 비료를 줄 때도 드론이라는 새로운 농사꾼이 등장해서 농가에 큰 일손으로 보탬이 된다는 사실이다. 그 드론이라는 신출귀몰할 기기가 넓은 밭의 구석구석을 돋보기로 살피다시피 샅샅이 보아 어떤 해충이나 바이러스도 침범하지 못하게 미리 예비한단다. 기업농으로 대량의 생산을 위해서는 참 고마운 기계임이 분명하다. 그러나 이도 젊은 농부들이나 대농가에서나 가능한 일일 게다.

그러나 지금 여기 우리 주인같이 가족끼리 먹을 소량을 짓는 농가에서는 꿈도 못 꿀 일이다. 주인은 농약이나 제초제를 쓰지 않겠다는 의지가 강하니 우리가 힘을 더 낼 수밖에 없다. 어지간히 단단한 각오가 없다면 우리는 병충해를 당할 재간이 없을뿐더러 죽음을 면치 못할 것이다. 그 뜨거운 땡볕도, 진딧물도 이겨내느라 고생을 했지만, 더 단단한 육질을 가질 수 있을뿐더러 우리들은 그 지독한 농약을 마시지 않아도 되는 행운도 있다.

앞으로 남은 기간을 어떤 바이러스나 해충들의 해코지가 있어도 우리 스스로의 면역력을 키워서 위기를 극복해 나가야 한다. 낮에는 햇볕과 탄소동화작용도 부지런히 해서 좋은 영양분을 골고루 모아야 한다. 그리고 또 밤이슬하고도 힘을 합쳐 단맛과 적당한 수분도 알맞게 저장하기에 바쁘기만 하다.

우리는 주인의 발걸음 소리를 들으며 더욱 힘을 낸다. 뜨거운 햇살과 병충해를 이겨내고 통통하게 속살을 올릴 수 있었던 것은 우리 주인의 사랑 덕분이다.

이제 노란 속이 다 채워졌다 해도 우리의 임무가 끝나는 게 아니다. 이제부터 살점을 쥐어짜는 고통을 마다하지 않고 기꺼이 감내해야 할 일이 남아 있다. 짜디짠 소금에 절여 이미 초죽음이 된 그 상처에다 퍼붓는 마늘·파·고춧가루와 멸치액젓까지 넣고 버무리는 그 쓰라림을 감당해야 한다. 그 누구도 짐작 못할 고통이다. 위로해 줄 누구도 없다. 오롯이 우리의 몫이다.

그러나 멀리서 찾아온 아들딸들이 함께 모여서 삼겹살에 속잎을 싸서 먹으며 기뻐하는 우리 주인을 보면서 그동안의 고통도 아픔도 모두 사라질 수 있다. 그뿐인가 아직 캄캄하고 차가운 통속에서 숙성이라는 기다림의 시간 동안 어떻게 하면 더 좋은 유산균을 많이 만들어서 주인에게, 가장 좋은 맛으로 최고의 살신성채殺身成菜할 것인가가 남았다.

숫자놀이

이른 아침 알람소리와 함께 눈을 뜨자마자 시계를 본다. 하루의 시작인 여섯 시다. 서둘러 아침식사를 하고 출근 준비를 하면서도 곁눈으로 자주 시간을 확인하는 게 습관이 됐다.

또 매일같이 반복되는 일인데도 일을 시작할 때도 퇴근을 해야 할 때도 무의식적으로 시계를 쳐다본다. 더욱이 친구나 고객과의 약속이 있을 때는 달력을 보면서 자연스럽게 시간을 정하게 되니 여전히 숫자를 볼 수밖에 없다. 그리고 월말이면 어김없이 볼 수밖에 없는 통장에도 나열된 숫자들이다. 그 숫자들은 많아서 좋은 게 있고 그렇지 않은 것도 있어 그 숫자로 기분이 좌지우지 당하는 속물이 되기도 한다. 또 시장에 가서 물건을 살 때도 계산은 필수다.

더욱이 날마다 일터에서 옷을 마름질하는 일은 작은 실수도 용납될 수 없는 눈금들로 된 숫자들이다. 옷을 만들기 위해 가위질을 한 번 하고 나면 선택의 여지가 없기 때문이다. 이런 세세한 수手작업을 삼십 년 넘도록 했으나 늘 만족이라는 게 흔치 않다. 눈이 아리도록 숫자를 보며, 손에 못이 박이도록 가위질을 했건만 손의 수고에 흡족한 보상을 하지 못했다. 그래서인지 요즘 세월의 숫자 값으로 눈이나 손목이 투정을 좀 부리는 정도가 아니다.

가족의 수가 열 명 가까운 대가족에서 달랑 홀로 남았다. 그러나 다시 그 수가 늘어나는 귀한 일들이 생겼다. 딸을 시집보낸 일과 아들을 장가보낸 일을, '사위나 며느리를 얻었다.'로 바꾸고 나니 오히려 가족의 수도 기쁨도 배로 늘었다. 사위와 함께 귀여운 외손녀 둘까지 얻어서 그 녀석들의 재롱을 보는 재미가 더없이 좋다. 그리고 또 달덩이 같은 새아기와 곧 태어날 친손자를 생각하면 가슴이 설렌다. 푸른 봄동산 같은 이 아이들 사는 모습을 보면 무성해진 내 가지들이 대견하고 한편으로는 애면글면 살아낸 날의 숫자에 실감이 나기도 한다.

그러나 더하기 수數도 빼기도 아닌, 수壽를 다하지 못하고 떠나버린 그이의 빈자리는 무슨 수로도 채우지 못한다. 다만 연년이 돌아오는 달력에 기억되는 숫자만을 시린 눈으로 바라볼 뿐이다.

사람이 산다는 것은 끊임없는 숫자놀이이지 싶다. 나의 하루는 숫자로 시작해서 숫자로 마무리하는 작업의 연속이다. 이 숫자놀이 육십여 년을 날수로 치면 이만 하고도 삼천 날이 넘는다. 되돌아보면 까마득하게 철부지 같은 시절이 있었다. 젊은 시절에는 얼른 성숙해 간섭받지 않는 어른이 되고 싶었던 때가 있었으니 얼마나 부질없고 부끄러운 지난날들인가.

세월의 속도는 나이 수하고 일치한다 했던가. 잘 가라는 인사말 한마디 나눌 겨를도 없이 뒤돌아서 가버린 그 수많은 연수에 한 해를 더한다고 뭐 그리 대단할까. 또 한 해가 오고 간다.

그 하고많은 지금까지의 숫자놀이 중에 아무리 뒤져봐도 정답은커녕 비슷한 모양도 없고 온통 오답뿐이다.

"이 세상 소풍 길 아름다웠다."고 노래한 시인은 짧은 생이었지만 진실한 모범답안의 삶을 살다 갔다. 그래서 그의 작품들을 보며 감동하고 안타까워한다. 참 서럽고도 억울하면서도 아름다운 흔적들을 남기고 갔으니.

요즘은 눈만 침침한 게 아니라 금방 읽었던 내용도 다시 앞장을 넘겨 확인하기가 부지기수다. 더욱이 물 끓이던 주전자를 태우거나 찌개 냄비 태우기가 일쑤니 큰일이라도 날까봐 가슴이 철렁하기도 한다.

게다가 머리털도 흰빛이 검은 수를 이겨낸 지 이미 오래다. 그러고도 얼마 남지 않은 삶의 숫자놀이판에 정답을 쓰고 싶은 소망을 버리지 못하는 게 괜한 욕심일까.

어느 독거노인의 결별訣別

인간이 오래사는 것이 좋기만 한 것인지, 아니면 짧아도 사람답게 살다 가는 것이 좋은 삶인지 의문이 들기도 한다. 사람이 최소한의 경제적 어려움 없이 나름대로 즐거움과 행복을 느끼며 무엇인가 작게라도 보람된 일을 하며 오래산다면 이는 축복이라 하겠다. 하지만 그렇지 못하다면 그건 살아도 산 게 아닐 것이다. 더욱이 기본적 생리 수단까지 남의 도움을 받으며 요양원에서 숨쉬기만 연장하고 있다면 살았다고 할 수는 없을 것이다.

젊은이들은 줄어들고 생산성 없는 노년층만 많은, 균형이 어긋난 인구 비율에 다음세대를 염려하지 않을 수 없다. 내가 결혼할 무렵 때마침 하나만 낳아서 잘 기르자고 산아제한을 주장하던 시대에 걸맞게 남매만 두었는데 어느새 인구절벽이라니 격세지감을 실감하게 된다.

요즘 대부분의 아파트 주변에 운동기구와 걷기운동을 할 수 있는 장소와 기구가 마련돼 있다. 날마다 열심히 걷는 할머니들의 수도 줄어들지 않으며, 나도 거기 한 몫 끼여 걷기운동을 한다. 여러 노인들 중 더러는 동작이 자유롭지 못한 분들도 보인다. 기우뚱거리며 걷는 사람, 또는 지팡이에 의지하여 운동장을 힘들게 걷는 사람도 보인다. 지금의 노인세대 중 다는 아니지만, 어려운 시대를 맨손으로 살아왔음을 저 걸음걸이가 말해준다.

저 비틀거리는 걸음걸이 이전에는 젊고 건강한 다리로 힘차게 걷거나 뛰어다녔을 것이 분명하다. 이제 걱정 안 하고 살 만하니 성한 곳이 한 군데도 없는, 찌그러진 몸만 남았다.

"운동이라도 해서 자식들에게 짐이 되지 않을라고."

안간힘을 쓰고 걷는 모습이 참 안쓰럽다.

한동안 '구구팔팔이삼사'라는 신종어가 유행을 했다. 게다가 '중앙치매 예방센터' 전화번호가 '1899-9988'이라고 했다. 십팔 세의 청년시절처럼 맑고 건강한 정신으로 구십구 세까지 건강하게 살자는 의미라고 한다. 외우기 좋은 전화번호를 두고 말한 우스갯소리 같지만 수긍이 가는 유행어다.

이웃에 아흔의 연세로 혼자 사는 할아버지가 계시는데, 염려되는 마음에 습관적으로 전화를 자주 하게 됐다. 그런데 지난 설날에는 내가 서울 근처에 살고 있는 아들네로 가는 바람에 그 노인을 미처 챙기지 못했다. 아들네에서 설을 쇠고 이곳 집으로 돌아오면서 곧장 그 노인에게 전화를 했다. 그런데 그 어르신은 전화를 받지 않았다. 저녁이기도 하고 설날에는 자녀들이 다녀갔겠지 하며 별다른 생각은 하지 않았다. 그 다음 날 오전에도 전화를 했지만 받지 않았다. 독거노인이고 보니 불안한 생각이 들었다. 그래서 그 집으로 직접 가보기로 했다. 부엌의 작은 쪽문이 열려 있어서 안쪽을 들여다보니 집안이 깨끗이 치워져 있었다. 초인종을 눌러도 역시 아무 기척이 없었다. 할 수 없이 경비실로 가보기로 했다. "그 할아버지 사흘 전에 돌아가셨어요." 염려했던 일이 현실로 돌아왔다. 뒤통수를 한 방 얻어맞은 느낌이었다. 수소문 끝에 서울에서 살고 있다는 따님과 간신히 전화통화가 됐다.

"설날 오빠 내외가 다녀갈 때 며칠 전부터 감기를 앓고 있다고 했지만 심하지는 않았대요. 이튿날 내가 찾아갔을 때에 아버지가 열이 많이 올라 병원으로 모시고 갔어요. 그리고 그날 오후에 급성폐렴으로 돌아가셨어요."

아버지의 장례도 그날이 설날이라 교회를 비롯해 이웃의 아무에게도 알리지 못하고 가족끼리 조용히 치렀다고 했다. 황당했지만 또 한편으로는 복된 죽음으로 편하게 가셨구나 하는 생각이 들었다.

할아버지는 이 년 전, 내가 다니는 교회에 오셨다. 사십대 중반에 부인과 사별하고 재혼까지 했는데, 두 번째 부인마저 사별해 삼십 년을 넘게 혼자 살고 있는 처지다. 그리고 요즘은 일주일에 두 번 집으로 찾아오는 요양보호사의 도움을 받고 있었다. 그 요양보호 서류의 보호자 전화번호란에는 장남도 차남도 아닌 딸 전화번호가 기재돼 있었다.

할아버지는 성격이 좀 특별한 편이어서 자녀들과도 오순도순 함께 살지 못했던 것 같았다. 어떻든 몇 십 년이라는, 오랜 세월을 남자 혼자 살아가기 쉽지 않았을 것이다. 그래서인지 자식들도 모르게 자는 듯이 가면 좋겠다는 말을 평소에 종종 했다. 주일날 그 노인을 만나 잠깐 동안 안부의 말을 주고받거나 점심식사를 도와드리고 그저 교회 구역의 한 사람으로 일주일에 한두 번 정도 전화를 했을 뿐이었는데도 불쌍한 마음을 가눌 수가 없다.

"우연이라고 하기엔 믿어지지 않게 설 전날부터 아버지의 전화기가 고장이 났어요." 딸의 애통해 하는 말이었다. 그 노인은 단둘이 정을 나누며 살던 낡은 전화기와 마지막 길을 동행하고 말았는가. 나는 그 독거노인이 천국에서 즐겁고 편안하기를 기도했다.

인터넷이 승소勝訴

수십 번을 드나들었던 법원의 문턱은 들어설 때마다 긴장되고 떨리기는 매한가지다. 삼 분도 못 되는 재판을 위해 하루 품을 버려야 하는 이 싸움이 지겹다.

“사건번호 ○○○○ 가소 ○○○○○ 원고 ○○○, 피고 대리인 ○○○!” 판사의 호명이다. 곧이어

“이 사건은 연대보증 계약 체결에 관하여 제3자가 피고를 대리할 권한이 있는 것으로 믿을 만한 정당한 이유가 있었는지에 관하여 보건대, 이를 인정할 증거 없다. 원고의 청구를 기각한다. 모든 비용과 손실금은 원고가 부담한다. 변론 종결, 판결 선고, 땅 땅 땅.”

나는 판사가 하는 말을 얼른 알아차리지 못했다. 원고 승소인지, 피고 승소인지, 피고 승소라고 한 것 같기도 한데 내 귀를 의

심했다. 엉거주춤한 나의 모습은 아랑곳하지 않고 "다음!" 하는 판사의 근엄한 목소리에 떠밀려 피고석에서 일어섰다.

"뭐 이런 판결이 있어! 개 같은, 항소할 거야." 하고 화가 잔뜩 난 원고가 문을 박차고 나가는 뒷모습에서 내가 승소했음을 실감했다.

십여 년 전의 일이다. 대출보증을 서 달라는 부탁을 받은 남편은 거절하기 어려운 사이라 인감증명은 떼어 주고 실수로 도장을 주지 않은 채 그만 교통사고가 나고 말았다. 그 후 몇 년을 병원에서 생사를 넘나들었기에 그 일을 생각할 겨를이 없었다. 그러던 언젠가 나는 남편이 입원해 있는 병원에서 집에 다니러 왔다가 '연대보증금 변제辨濟 독촉장'을 받았다. 그때 남편은 의식이 없는 상태여서 해명할 길도 없었다.

그리고 또 몇 년, 남편은 겨우 의식만 회복되었을 뿐 거동할 수 없는 몸으로 퇴원을 했다. 그 무렵 법원에서 소환장이 날아왔다. 남편의 긴 투병으로 살림은 탕진되고 날마다 가게에서 일을 해야 하는 나는 가슴이 무너졌다. 겹치는 불운에 기가 막혀 할 말을 잃었다.

피고가 불참 사정이 있을 경우, 대리인이 허용되어 내가 피고가 되었다. 내 평생 처음으로 법원에 가던 날, 도저히 혼자 갈 엄두가 나질 않았다. 말로만 듣던 재판장, 그것도 피고인석에 앉으니 눈앞이 캄캄했다.

판사는 원고와 피고의 출석만 확인했을 뿐, "이의가 있으면 서면으로 신청해요."라는 한마디로 첫 재판은 끝이 났다. "○월 ○○일, 다음," 칼로 무 자르듯 순서가 넘어갔다. ○월 ○○일, 이라는 그 말이 다음 재판날이라는 사실도 뒤늦게 알았다. 이렇게 재판은 시작되었다.

인감증명에 찍힌 인장과 대출장에 찍힌 인장이 분명 다른데도 판사도, 원고도 꼭 다르지 않다고 했다. 그리고 자필서명은 더더욱 아니었다. 의식이 살아난 남편은 결단코 인감을 준 적도 자필 서명도 하지 않았다 한다. 남편이 건강할 때 써 놨던 글씨로 대조필 이의신청을 냈을 때도 판사는 고개만 갸웃할 뿐 내 편이 아니었다. 이렇게 일 년이 지나도록 양쪽의 이의신청은 계속되었다.

나는 몸도 마음도 지칠 대로 지쳐 있었다. 마침 그때 판사는 갚을 금액 절반으로 합의를 하라는 중재에 나섰다. 듣던 중 반가운 소리였다. 나는 돈이 있었으면 애당초 재판보다는 연대보증인으로 책임을 지는 쪽을 택했을 것이다. 없는 돈이지만 지긋지긋한 이 싸움에서 놓여나고 싶어 판사의 중재가 반갑기만 했다.

그러나 원고는 다음 재판 날짜에 중재 거부신청을 냈다. 거부 요지는 "민법 125조에 의거 표현대리법"이 성립되므로 거부한다 했다. 나는 집에 돌아오기 무섭게 국어사전에서 표현대리를 찾아보았다.

표현대리(엣센스 국어사전): '대리권이 없는 자가 외견상 대리인으로 행위한 경우 가운데 무권대리인과 본인과의 사이에 특수 한 관계가 있는 경우를 일컬음. 정당한 대리인으로 믿고 행동한 상대방은 본인에 대하여 유효한 대리행위로서 효과를 주장할 수 있음' 으로 씌어 있다.

표현대리라는 전문 용어도, 사전의 내용도 이해가 되질 않았다. 답답한 마음으로 민법 125조라는 인터넷 검색 창을 열었다. 나는 눈이 번뜩 뜨이는 구절을 찾았다. 민법 125, 126조 중략, "표현대리: 대리인으로 행동할 수 있다. 단, 본인에게 대리권을 인정하는 확인 절차 후에 성립된다." 라고 돼 있다. 좀 더 자세히 살펴보니 피고 승소 판례가 여러 건 실려 있었다.

나는 장님이 지팡이를 얻었다. 여러 판례 건 중에 나의 경우와 가장 유사한 두 사건을 골라 사건 번호와 판례 사유를 핵심적인 부분만 복사해서 이의신청을 냈다.

그리고 오늘 재판장에 나왔다. 내가 그토록 주장했던 남편의 인감이 다르다는 것과, 자필이 아니라는 이의 신청서를 냈을 때도, 남편이 인감증명을 발급해 준 것이 분명하니 책임을 벗을 수는 없다고, 늘 원고 쪽에 유리한 말을 했던 판사였다. 그런데 오늘 일언지하一言之下, 피고 승소 판결을 냈다. 믿어지지 않았다.

인터넷이 없었으면 다윗과 골리앗의 이 싸움이 가능이나 했을까. 나 같은 힘없는 주부가 민법 125조에 무엇이 기록돼 있는지, 표현대리가 무슨 뜻인지 알 리가 없었을 것이다. 인감증명만 떼어 주면 무조건 책임을 져야 하는 줄 알고 지레 겁을 냈다가 원고가 중재 거부를 두 번이나 하는 바람에 끝까지 버텼던 지난 시간들이 주마등처럼 지나간다. 가게 일과 남편의 간호에 지친 몸으로 매달 이어지는 이의신청서를 밤을 새워 써야 했던, 가장 짧은 문장으로 내 주장을 강하게 부각浮刻시킬 낱말들을 쓰기 위해 돋보기를 쓰고 눈을 비비면서 사전을 뒤지다가 울기도 했다. 만약 재판에서 진다면 날이 갈수록 늘어나는 대출금 이자는 어쩔 것인가, 막막했던 지난날이었다.

오늘의 승소자는 인터넷이다.

일터에서

수십 년에 걸쳐 손에 익은 일인데도 오늘은 가슴이 설레고 두근거리기까지 한다. 아직도 이런 옷감이 있다니 신기할 뿐이다.

배송되어 온 명주 한 필, 이십대 후반부터 하던 일 중 명주는 서너 번, 그것도 삼십여 년 전에 경험이 있을 뿐, 기억에도 가물가물한 옷감이다. 이 옷감을 보는 순간 얼른 만져보고 싶었다. 비닐 포장 속에 들어 있는 쪽지에는 어머니의 유품이라며 비구니 승복 저고리를 만들어 달라는 주문이다. 나는 이십대 직전에 일엽一葉 스님의 글을 읽고 산사의 생활을 동경했던 그 시절이 문득 생각났다.

명주는 양잿물에 익힌 다음 다듬질을 하면 보온성이 좋아 겨울 옷감이 되고 생명주에 풀을 먹이면 시원한 여름옷이 될 수 있는 신비함이 숨어 있다. 오늘 이 옷감은 여름용으로 곱고 얌전하게 손질돼 있어 촉감도 좋다. 대량으로 짜낸 실크와는 다른 옛 어머니들이 손수 짠 명주는 그야말로 순수한 손끝의 명품이다.

이 명주 한 필을 얻기까지의 과정과 내 어린 시절을 눈앞에 펼쳐놓은 채 마음을 가다듬어 조심스럽게 마름질을 했다. 재봉사에게 넘기면서 정성껏 다루라고 신신당부를 했다. 온갖 조바심 속에 만들어진 옷은 엷은 겨자물빛을 띠고 날갯짓을 하며 금방 날아가 버릴 것만 같다. 조심스레 포장해서 보내는 내 마음은 마치 딸을 시집보내는 심정이다. 이런 순간이 있어서 나는 이순이 넘도록 지치지 않고 이 일을 계속할 수 있었다.

누에를 치는 일은 초여름 엷은 뽕잎이 살이 오르기 직전 할아버지께서 면사무소까지 나가서 종이에 까맣게 붙어 있는 잠종蠶種을 받아오는 것으로 시작된다. 받아 온 누에알을 아랫목에다 한지 반장을 깔고 자리를 만들어 준다. 따뜻한 온돌방에서 이삼 일을 지나면 아주 작고 검은 애벌레, 곧 누에의 유충이 꼬물거리며 알에서 깨어난 것이다. 그때부터 부드러운 뽕잎을 누에 크기만큼씩 잘게 썰어 먹이로 주었다. 하루가 다르게 자라는 누에가 아기잠을 자고 또 금세 세 잠을 자고 드디어 아래채 방 두 칸을 모두 차지하고도 삼층으로 선반까지 만들어 줘야 했다. 그때쯤이면 누에들의 식성도 대단하여 할아버지 할머니의 손놀림도 바빠진다. 뽕잎을 따다 주는 것만으로는 모자라 나중에는 가지째 쳐다 주어야 한다. 어찌나 잘 먹어치우던지 수많은 누에가 한꺼번에 뽕잎을 갉아먹는 소리는 소낙비 소리를 내며 방문 밖에까지 쏟아져 나왔다. 또 어쩌다 비 오는 날이면 미처 못다 딴 젖은 뽕잎을 마른 수건으로 일일이 닦아야 할 때도 있어 두 분의 수고는 예삿일이 아니었다. 그런데도 먹이를 주고 나서 "그놈들 먹성 좋다." 흐뭇해 하시던 할아버지의 모습이 아직도 눈에 선하다.

이렇게 할아버지 할머니의 지극한 정성과 보살핌을 먹고 넉 잠을 자고 난 누에는 어느새 어른 손가락만큼씩이나 컸다. 그리고 그 잘 먹던 뽕잎도 먹지 않고 몸 색깔도 투명해지고 고개를 쳐든 채 행동을 하지 않는다. 그 모습은 할아버지 말씀대로 어떤 집을 지을 것인가 진지한 설계 중이다.

그때부터 미리 준비해둔 섶에다 누에를 옮겨 주었다. 처음에는 거푸집을 치는가 하면 점차 몸이 보이지 않도록 집을 짓는 누에의 한살이가 신기하고 경이로웠다.

누에는 냄새에 민감했다. 봄부터 초여름까지 누에가 오령(五齡)에 들기 전 할아버지께서는 술담배를 안 하셨고 집안에서도 부침개 같은 냄새 나는 음식도 금했다. 조금만 방심하면 한 해의 잠업이 실패하기 때문이다. 또 고치를 따는 것도 시기를 잘 맞추어야 한다. 때를 넘기면 나방이 나와서 다 지은 농사를 망쳐버리기도 한다.

내 어릴 적에 할아버지 도포를 만들고 남은 명주에 물을 들여 다홍색 저고리와 검정치마 설빔을 해 주셨다. 옷을 입혀 놓고 앞

뒤 모습을 쓰다듬어 주시던 어머니의 모습이 아련히 떠오른다. 나는 그때의 어머니보다 훨씬 많은 나이로 할머니가 된 지금도 베 짜고 바느질하고 음식 솜씨까지 매웠던 어머니의 그 손끝을 잊지 못한다.

명주실을 뽑는 과정도 재미있었다. 조그마한 질솥에서 누에고치는 바글바글 끓어오르고 작은 물레에 명주실이 감겼다. 실이 다 풀린 고치는 삶은 번데기로 남아 동네 아이들의 맛있는 간식거리가 되었다. 모두들 지금쯤 어떤 모습으로 변해 있는지 보고 싶다. 나는 그때 방안 가득 꼬물거리던 누에를 생각하면서 번데기를 먹는다는 것은 상상도 못 했다.

이렇게 타래로 지어진 명주실은 어머니께서 다시 날고, 매는 과정을 거쳐서 베틀에 올려졌다. 언니의 바디질 소리도 무명이나 삼베를 짤 때와는 다르다. 무명베를 짜는 소리는 장독대 옆에 서 있는 파초에 소나기가 쏟아지는 굵은 소리, 명주 베를 짜는 소리는 높고 맑아 바위샘에 떨어지는 물방울 소리 같았다. 밝은 달빛이 흐르는 겨울밤, 언니의 명주 베 짜는 바디질 소리는 적막 속에 청아한 음률이었다.

요즘은 하루가 다르게 깜빡깜빡하는데 오늘 명주를 보는 순간 내 머릿속은 청명한 가을 하늘이니 참 이상한 일이다.

매일같이 수없이 마름질하다보니 내 손을 거쳐 나간 옷은 그

수를 헤아릴 수 없을 것이다. 하지만 늘 아쉬움이 남는다. 사십 년이나 마름질을 했는데도 말이다. 그리고 또 아직도 애기잠에서 깨어나지 못하는 글쓰기는 더 안타까울 뿐이다.

2부 / 간병일기

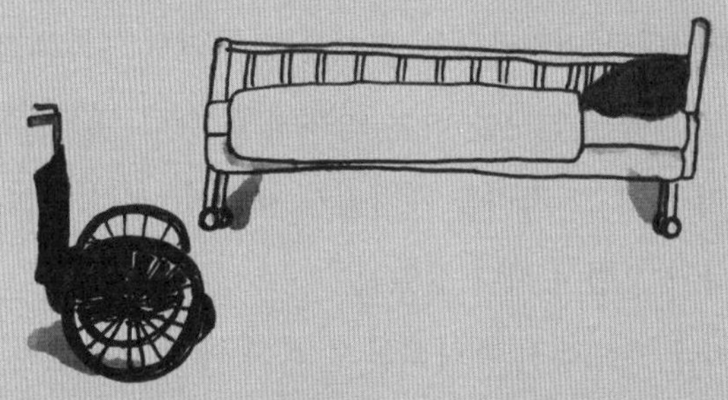

개나리

이마에 흘러내린 머리카락을 쓸어올려 주면서 “나 오늘 좀 늦을 것 같아요.” 출근 인사를 하는 아내에게, 대답 대신 “개나리가 곱다. 목련이 지고 그 자리를 개나리가 채웠어. 저걸 언젠가 우리가 낚시 갔다가 오면서 사다 심었지.”

남편은 지금 흐드러진 개나리꽃 무리 속에서 건강했던 봄날의 외출을 보고 있습니다. 파란 하늘을 이고 곱게 핀 철쭉꽃길 따라 산노루 뛰놀던 한라산 등산도 함께하고 있습니다. 자라지 않는 아이가 된 남편은 아내가 못 미더워 출근하는 아침마다 이것저것 귀찮을 정도로 챙깁니다.

내가 어린앤가요? 한마디하고는 고개를 돌려 총총걸음으로 대문을 나섰습니다.

남편이 걸어서 한라산까지 갔던 때가 정말 있었을까, 손수 《성경》 66권을 썼던 일이 사실일까, 시린 발걸음 위에 뜨거운 눈물로 개나리꽃잎이 흩날립니다.

해마다 피고 지는 봄꽃을 보며 남편은 바람에도 시들지 않을 개나리를 가슴으로 피우고 있습니다.

고통도 외로움도 녹일 수 있는

소슬바람 따라 가시별 하나 내려와 창문가에 기웃거리는 밤입니다

당신의 몸을 돌려 눕혀주고 넘어다 본 건넌방에는 아들딸이 모처럼 만에 옛 둥지에서 편한 잠에 취해 있습니다.

부모 그늘에서 못 벗어난 줄 알았는데 어느새 우리에게 그늘이 되겠다고 합니다. 듣기만 해도 대견하지요. 나는 가슴이 설레어 쉬 잠들지 못하고 있습니다.

잠든 당신은 미소 띤 얼굴이군요. 몇 년 전 손잡고 한라산을 오르던 꿈이라도 꾸는지요. 엊그제 같은, 눈에 선한 그 일들이 저만큼 가버린 그리움이 되고 말았습니다.

오 년이라는 짧지 않은 시간을, 행여 빼앗긴 건강을 찾을 길이 있을지 간절함 앞세워 어둡고 긴 터널을 헤매고 다녔지요. 살아있

다는 것은 아픔의 연속인 당신에게 짜증을 낸 적도 많았지요. 이내 후회하면서 말이에요. 내가 아무리 힘들어도 당신의 고통에 비하지 못할 것을. 다만 가슴으로 말할 뿐입니다.

'가족이라는 질긴 동아줄이 우리를 단단히 동여매고 있어요.'

여보 힘내세요,

그리고 "약할 때에 강함 주시는" 그분께 간절히 기도해요,

고통도 외로움도 녹일 수 있는 사랑의 힘을 달라고.

– 남편 회갑 전날 밤

그 사람이 걸어와요

끝이 보이지 않는 드넓은 보리밭은 맑고 파란 하늘과 맞닿아서 하늘인지 보리밭인지 분간할 수 없었다. 포근한 봄의 유혹에 끌려 몸이 하늘 높이 붕 뜰 것만 같았다. 그런데 그 아름다운 봄 들판에 혼자 걷고 있었다. 초록으로 일렁이는 보리밭 한가운데로 곧게 난 길을 따라 얼마를 걸어가고 있을 때, 저쪽 맞은편에서 우윳빛 양복을 입고 감색 바탕에 하얀 물방울무늬 넥타이가 잘 어울리는 그이가 환하게 웃으며 걸어오고 있었다. 내 눈을 의심할 겨를도 없이 반가움을 주체할 수 없어 당장 뛰어가려 했다.

그러나 마음뿐, 한 발짝도 떨어지지 않았다. 마치 발에 지남철이 달라붙은 것 같았다. 그이는 여전히 웃음 띤 얼굴로 걸어오는데 거리는 조금도 좁혀지지 않고 가물가물했다. 누구라도 도와줄 이가 없을까 하고 애타게 사방을 둘러보다가 아래를 내려다보았더니 뜻밖에도 시어머니와 언니가 내 발을 움직이지 못하게 꼭 붙잡고 있는 게 아닌가.

"어머니, 그 사람이 걸어와요. 그 사람이요. 날 놔 줘요."

죽을힘을 다해 소리소리 지르며 몸부림을 치다가 내 소리에 내가 놀라 눈을 떴다.

머리가 멍했다. 한참 만에 간신히 일어나 불을 켰다. 땅이 꺼져버린 듯 허탈뿐인 현실, 액자 속의 그이는 여전히 말이 없다. 온몸에 힘이 싹 빠지고 땀으로 흥건했다. 다시 꿈으로 돌아가고 싶은 마음 간절했지만 눈만 말똥말똥해졌다.

그리고는 지난날의 오만 가지 기억들이 줄을 섰다. 그이를 보내던 날 베옷을 갈아입히고 손발을 묶지 말라고 했던 영안실의 그 냉기, 생때 같은 아들이 하루아침에 산송장이 되어 돌아오자 넋을 잃고 주저앉아 나를 더 힘들게 했던 어머니, 시간이 흐르니 이런 아픈 기억들이 다시 떠올라 그 밤을 하얗게 새웠다. 또 하루가 멀다 하고 찾아와 고달픈 우리 부부의 일상을 도와주며 가장 가슴 아파했던 언니, 그랬던 그 두 사람이 왜 나를 붙잡았을까. 나를 붙잡지만 않았더라면 달려가서 그이의 손이라도 한 번 잡아보았을 걸. 우윳빛 양복이 파란 보리밭에서 유난히도 돋보이던 그이의 건강한 모습은 아무리 생각해봐도 꿈이라기엔 너무나 또렷해 아직도 눈앞에 선해 아쉽기만 하다.

남편은 십여 년 전 보리밭이 파랗던 그 오월에 교통사고로 전신이 마비되었다. 이름난 병원을 전전한 삼 년의 끝은 주민등록증 외에 1급 장애등록증 한 장을 더 얻는 것뿐이었다. 손가락 하나 까딱할 수 없는, 모든 동작을 잃은 채 살았던 십 년의 세월은 산 것이 아니라 그저 버텨냈다는 말이 더 맞는 말이다. 물 한 모금도 누가 먹여주지 안으면 코앞에 두고도 우두커니 바라볼 수밖에 없었던 그였다. 그 불편했던 생활 속에서 의식은 멀쩡한데 대소변 처리할 그때마다 우리는 서로의 마음을 다독이려고 찬송을 부르며 저 높은 곳만 바라보았다.

그중에서도 가장 안타까웠을 때는 딸의 결혼식 날이었다. 그 좋은 날, 우리 가족 모두는 끝내 참고 참았던 눈물을 보이고 말았다. 여느 예식처럼 아버지가 꽃단장을 한 딸의 손을 잡고 걷는 모습은 볼 수 없었다. 그이는 예쁘게 자란 사랑스런 딸을 휠체어에 앉은 채 움직일 수 없는 손과 발만 내려다보고 있었다. 그 후 귀여운 외손녀를 볼 수 있는 것만으로 흐뭇해하던 그이도 어머니의 뒤를 따라 떠난 지 두 해가 되었다.

또 장성한 아들은 아버지 생전에 못다 한 효를 아쉬워하며 제 몫의 길로 객지살이 여러 해째 이다. 그동안 수십 년 했던 내 가게를 접고 천연염색 옷을 마름질하는 직장에 나가 일을 하고 있다. 집을 나서는 아침 출근 또는 퇴근 후 그이의 사진 앞에 서면 수고했다는 눈빛을 읽는다.

지난여름에는 유학중인 사위 덕분에 미국여행을 다녀왔다. 집을 떠나기 전 그이와 찍었던 옛날 사진을 목걸이로 하고 갔다. 결혼 삼십 년이 되면 함께 해외여행을 하자고 약속했던 그 적금은 이미 그이의 입원비로 빈 통장이 돼버렸다. 하지만 워싱턴행 비행기를 탈 때부터 나이가라폭포, 유엔본부 등 유명 관광지에 가서도 목에 걸린 그이의 사진을 들여다보며 우리는 함께 여행을 하고 있는 것이라고 속삭였다.

생전에 우리는 부부간의 금실이 무엇인지도 모르고 살았다. 그런데도 남겨놓은 추억만은 메마른 내 가슴에 잔잔히 머물고 있다.

그러나 이젠 지난날의 아픈 기억들은 고이 접으련다. 저 천국에서 걸어오던 그이를 보았으니까.

그이의 영원한 전원田園, 망치 소리

친구들과 여행을 떠난 남편은 돌아올 시간이 훨씬 지났는데도 아무런 소식이 없다. 불길한 예감과 조바심은 더욱 커진다. 나는 여성 주문복 가게를 하기 때문에 바쁜 일이 있기도 했지만 다음 날이 주일이라 그이와 함께 여행을 가지 못했다. 주로 일요일은 문을 닫지만 아주 특별한 경우가 생기기도 한다. 고객과의 약속을 위해 스스로 택한 결정인데도 종일 심기가 편치 않다. 저녁때가 가까워지자 일을 하다 말고 초조한 마음으로 시계를 몇 번이고 쳐다보았다. 밖에서는 갑자기 천둥소리와 함께 장대비가 쏟아지기 때문이다.

아이들 교육 뒷바라지가 끝나면 시골로 들어가 텃밭이나 가꾸며 전원생활을 하자던 남편은 친구들과 주말여행을 떠났다. 가게에서 일만 하고 있는 아내를 두고 가는 것을 몹시 미안해하던 그, 전날 밤 "모두들 즐겁게 노는데 당신한테 미안해." 하고 전화했던 남편은 돌아오던 길에 그만 교통사고를 당하고 말았다.

사고 연락을 받고 대학병원으로 달려가는 택시는 억수로 퍼붓는 장대비로 속력을 내지 못해 불안하고 초조한 마음은 극에 달했다. 병원에 들어서자 응급환자들 속에 한 자리를 차지하고 누워 있는 남편의 몰골은 차마 볼 수 없을 정도로 망가져 있었다. 견인치료라는 크고 무거운 추가 머리에 달려 있어, 도대체 사람의 모습이 아니었다. 현대 의학에서도 치료가 불가능하다는 담당 의사의 말을 듣고 주저앉고 말았다. 암보다 무서운 게 경추 손상이라고 한다. 앞으로 손가락 하나 까닥할 수 없을뿐더러 기본적인 생리 기능마저 잃게 된다고 했다. 하늘이 무너졌다.

아직 두 아이의 교육이 끝나지도 않았고 아흔을 바라보는 노모도 계셨다. 금방이라도 꺼질 것만 같은 아버지의 모습을 보며 어미 앞에서 딸과 아들은 휴학을 하겠다고 했다. 우리 세 모자母子는 마비된 남편의 신경이 정상으로 회복될 것이라는 간절한 소망을 버릴 수가 없었다. 손목이 시큰거리도록 밤낮으로 주무르고 또 주물렀다. 그러나 축 처져버린 남편의 육체는 가족의 애끓는 절규에도 대답이 없었다.

그 와중에도 나에게 용기를 주는 고마운 분들이 있었다. 오랫동안 나의 단골 고객들이었던 여러 분들이 따뜻한 마음을 모아

주문한 일감들이 쌓이고 있다는 소식을 병원에 있는 나에게 전해 주었다. 어지러운 머릿속을 가다듬어 병원과 가게를 하루 걸러 다녀야 했다. 새벽차로 가게에 와서 일하고 다음날 막차로 병원으로 돌아가는 생활이 반복됐다.

애타고 목마른 우리 가족의 소망 같은 것은 아랑곳없이 의사의 말대로 남편은 늑막염, 폐 기흉氣胸, 방광염 등 마침내는 목에 구멍을 뚫어야 숨을 쉴 수 있는 최악의 사태, 게다가 욕창까지 생겼다. 욕창이 그렇게 무서운 병인 줄도 미처 몰랐다. 온 힘을 다해 우리 가족이 매달리는 정성도, 의사들의 치료에도 남편의 신경은 돌아올 기미는 보이지 않은 채 반년이라는 세월이 훌쩍 지나갔다.

병원에서는 더 이상 치료가 소용없으니 퇴원을 하라고 했다. 아무것도 달라진 게 없는 무너진 남편을 집으로 옮겨 올 수는 없었다.

다시 학교로 돌아간 두 아이는 장학금, 또는 과외 아르바이트를 해서 학비 조달의 걱정을 덜어주어 어미에게 큰 힘이 되었다. 남편은 서울의 유명한 재활병원에서 욕창을 치료하는 데만 4개월이 걸렸다. 거기서 장애인으로 살아가는 방법을 배웠다.

실낱같은 기적을 바라는 나의 간절함은 남편을 데리고 좋다는 병원을 전전하기에 3년이라는 세월을 허비하고 말았다. 그 대가로 주민등록증 외에 일급 장애인 복지카드 한 장이 주어졌다. 그리하여 휠체어에 몸을 의지한 채 노모의 통곡 소리와 함께 퇴원을 해야만 했다.

몇 가지 운동기구를 사서 집으로 돌아와 힘들고 외로운 재활치료가 시작되었다. 가게에 일하러 나가기 전 매일같이 나의 곁부축으로 해야 하는 남편의 운동 시간, 시키는 나도 받는 그이도 이것은 운동이 아니라 그야말로 사투였다.

여러 가지 운동 중에서 가장 힘든 것은 직립 운동이다. 몸이 주저앉지 못하도록 벨트로 몇 곳을 붙들어 매고 작기를 돌려서 세워야 하는 일은 가장 힘든 일이었다. 인체는 걸어 다녀야 하는 구조로 태어났는데 옴짝달싹못하는 그이를 물리적으로 기구에 올리는 일은 여자의 힘으로는 여간 어려운 게 아니었다. 재활병원에서 요령을 배워왔지만 말대로 쉽지는 않았다. 반시간 정도 하루에 두 차례 서 있는 시간은 그이가 가장 기분 좋은 시간이었다. 사람이 걸을 수 있는 기본적인 행동을, 기구에 매달린 모양이라도 서 있다는 것이 그렇게 대단한 것임을 건강한 사람은 모를 것이다. 그래서 힘들고 피곤했지만, 운동을 하며 좋아하는 남편을 보면서 다시 위로를 얻곤 했다.

그 외에도 일주일을 멀다하고 병원을 찾았다. 모든 생리작용을 물리적으로 처리하다 보니 아무리 주의를 해도 감염이 자주 되기도 하고 또 실수로 상처를 내는 경우가 자주 생기기 때문이었다. 또 매년 한 번씩 서울의 재활병원으로 가서 정기 검진을 받아야 하는 일이다.

그 때마다 대중교통을 이용하기 때문에 그 불편함은 말로 다할 수 없었다. 모든 사회 시설은 건강한 사람만이 쓰게 돼 있다는 사실을 예전에는 미처 알지 못했다. 도로는 물론이고 버스, 기차 등 모두가 그랬다. 그러나 비행기를 오르내릴 때는 승무원들이 많이 도와주어서 불편을 덜 느꼈다. 그렇지만 가까운 곳은 비행기를 탈 수는 없지 않은가. 선진국의 척도는 장애인이 살기 좋은 나라라는 말이 실감이 났다.

집안에만 있는 그이가 갑갑할 것 같아 햇볕도 쬐어 줄 겸 주말이면 휠체어를 밀고 가까운 거리의 쉴 만한 곳을 찾아 나서기도 한다. 그때마다 부딪치는 장애인들의 고충은, 괜히 나라를 다스리는 높은 사람들의 무관심과 무능을 탓하다 못해 자신의 운명을 비관하기에까지 이르게 된다.

날이 갈수록 희망은커녕 절망의 늪에서 허우적거려야 하는 자신이 가엾어서 돌아앉아 눈물을 훔친 적도 한두 번이 아니었다. 그러니 하물며 연로하신 어머니의 마음은 어떠했겠는가. 시어머니는 몸져눕고 말았다. 누워 계시는 어머니께 진지를 떠 드린 다음, 휠체어에 앉아 있는 남편에게 밥을 떠먹이느라 앉았다 섰다를 반복하다 보면 다리에 쥐가 내려 그만 주저앉기도 했다.

남편 수발과 가게 일만으로도 지치는데 어머니까지 내 손이 닿아야 하는 처지이고 보니 몸이 두 개라도 감당해 내기가 벅차고 힘들었다. 기저귀를 채워 드리고 돌아서면 금방 빼 버리고 이불이나 옷에다 볼일을 봐버리니 나는 순간적으로 죄의식도 양심도 없는 짐승이 되어 한이 서린 푸념을 허공에다 늘어놓기도 했다.

'엎친 데 덮친다.'는 말은 이럴 때 쓰는 것일까. 남편 앞으로 법원에서 연대보증금 변제 독촉장이 날아왔다. 곧이어 소송이 되어 법원으로 출두하라는 우편물이 특별송달되었다. 남편이 건강했을 때 저질러진 일이었다. 그 뒤 사고로 몇 년을 병원에 살았으니 일이 그 지경까지 오도록 신경 쓸 겨를이 없었던 것이다.

정신을 가다듬어 보증금 변제금액의 절반이 못 되는 현금을 겨우 마련해서 원고를 찾아 갔다. 내가 가장家長이 된 집안의 전후 사정을 상세하게 말하고 통사정을 해 봤지만 거절당하고 말았다. 할 수 없이 원고의 주장대로 재판은 시작됐다.

수차례의 재판 중 다행히도 '표현대리법' 판례를 인터넷에서 찾아 증거로 제시해 승소할 수 있었다. 그때 판사가 판결문과 함께 치던 망치 소리가 대장간의 망치 소리로 들려왔다. 모루 위에서 달구어진 연장이 모두 다시 새것으로 만들어지는데 사람의 몸도 그럴 수는 없을까.

우리 부부에게는 망치 소리도 없이 박혀버린, 장도리로도 뺄 수 없는 그 대못의 잦아드는 피울음을 참아야 했다. 어느새 십 년이란 세월이 흐르고 아흔을 넘긴 시어머니도 아들을 가슴에 안은 채 하늘나라로 떠났다. 그때도 기저귀를 갈아내고 옷을 갈아입히던 내 팔에서 숨을 거두시던 어머니를 붙들고 난 불효한 며느리, 내 죄를 용서해 달라고 통곡했다. 어머님이 계셨기에 아이들을 어려서부터 할머니 손에 맡기고 나가서 가게 일을 할 수 있었는데 그런 공은 왜 모두 잊어버리고 짧은 몇 년을 못 견뎌했을까. 지금 생각해도 후회가 된다. 어머니는 지금쯤 이런 며느리를 용서하실까.

복학을 한 딸아이는 사범대 영문과를 마친 후 진로를 바꾸어 언어병리학 석사를 마치고 전문 의료인이 되었다. 아버지가 재활병원에서 치료 받을 때 진로를 바꿀 기특한 결심을 했다고 한다. 공부하면서 얼마나 고생을 했는지 어지럼증이 생기고 귀가 우는 증상까지 생겨 치료를 받아야 했다. 지금은 유능한 국가 공무원이면서 유학 중인, 든든한 사위를 따라 미국에 가 있다. 다행이도 아버지 생전에 예쁜 손녀딸도 낳아서 기쁨을 안겨 주었다.

과수원 속에서 친구들과 함께 색색의 예쁜 집을 짓고 아침체조를 하고, 돌아오는 길에 쑥갓이나 상추를 뜯어서 구수한 된장찌개를 끓이는 밥상에 곁들이자던 행복한 꿈은 어디론가 사라졌다. 그이와 친구들이 미래를 기약했던 과수원에는 잡초만 우거지고 집안 형편은 날이 갈수록 기울어져 갔다. 또 초겨울 억새 같은 남편의 몸도 나의 보살핌만으로 버티기에는 한계가 왔다. 오동나무 새집으로 이사를 가고 말았다. 치자물빛 고운 베옷으로 갈아입고 전원의 꿈을 키우던 친구들과 바람 속에 떨고 있는 우리 세 모자를 뒤로하고 하얀 국화꽃 숲 속으로 떠나갔다.

병상에 누웠을 때나 휠체어를 탔을 때나 눈빛만으로도 따스한 햇살이었던 그, 넓은 방 가득한 침묵은 가슴을 짓누르고 있다. 남아 있는 그의 흔적들을 가슴에 묻었다.

아들의 효성을 기다리지 못해 일찍 떠난 아버지를 안타까워하며 늘 엄마에게 밝은 표정을 보여주는 아들이 대견하고 고맙다.

남편의 무덤으로 가는 길목에 있는 잡초가 우거진 과수원. 그곳을 바라볼 때마다 나는 마음속으로 무성한 잡초들을 베어내고 자갈을 골라 터를 다듬어서 전원 속에 단란한 우리의 보금자리를 짓는다.

얼음보다 차가운 영안실 냉기를 가르며 오동나무 지붕에 못질을 하던 망치 소리는 천국의 전원에서 새집을 짓는 희망의 소리이리라. 그이는 천국의 전원에서 영원한 새 삶을 누리고 있을 것이다.

– 2007년 농민신문, 전원생활 수기모집 입상작

빈자리

이른 아침 눈뜨자마자 어머님 방문을 열어 보았다. 어머님께서 방에 꼭 누워 계실 것만 같아서였다. 보일러를 끄지 않았는데도 텅 빈 방안은 냉기만 가득하다.

어머님이 계시던 빈방에 주저앉으니 알 수 없는 눈물이 흘렀다. 주위에서는 수壽를 다하시고 가셔서 호상好喪이라고 하지만 지금 내 마음은 주체하기 힘들다. 며칠 동안 장례를 치른 피곤함으로 따뜻한 아랫목에서 몸을 녹이면서 산속에 누운 어머님 생각에 콧등이 시큰해진다.

익숙했던 습관들은 쉽게 버려지질 못한다. 옷장이나 손때 묻은 유품들을 정리하면서도 아직 온 집안에 배어 있는 어머님 냄새는 내 주위를 맴돌고 있다. 아랫목에 누워서 금방 물을 달라, 일으켜 달라고 하실 것만 같다.

시집온 후 줄곧 함께 살아오면서 진일 마른일을 함께 겪었던 많은 일들이 방안 가득 나와 선다. 여러 시동생들 혼례 치르던 일, 특히 시집왔을 때 초등학교 4학년이던 막내 시동생이 새살림 차리던 날, 또 내가 가게를 처음 시작하면서 젖먹이를 떼어 놓고 일을 하려 나갔을 때, 물건 구입하러 서울에 가서 밤을 새우고 왔을 때 등등 어머님이 계셨기에 안심이 되었던 기억들이 나를 짓누른다.

항상 내 편리한 대로 생각했던 자신이 얼굴이 화끈거린다. 한두 걸음 양보하면 좋았을 것을, 곰상곰상하지 못한 성격 탓으로 고부간의 정담을 주고받은 기억도 많지 않다. 좀 더 살갑게 다가설 수도 있었을 텐데, 어머님의 성품이 강하시단 탓만 하고 살았다. 지금의 심정은 말할 수 없는 허전함뿐이다. 사십 년 세월을 함께 살아낸 미운 정, 고운정이라고 할까? 자신도 미처 알 수 없는 허공에 내던져진 느낌이다.

온 집안 곳곳에서 어머님 음성이 들리는 것 같아 뒤를 자주 돌아본다. 여러 날이 지났는데도 마음속에 차지했던 어머님의 자리는 너무나 크고 넓었다.

어머님께서 누워 계시는 동안 죽을 끓이는 일이나 목욕을 시켜드리는 일이 귀찮을 때가 있었다. 정신마저 놓아버려 기저귀를 빼내 낱낱이 찢어버릴 때는 정말 화가 났었다. 또 불편한 지아비를 수발하느라 힘들어 그 화풀이도 어머님께 돌리기도 했을 것이다. 왜 그랬을까. 생각할수록 사죄할 일들이 셀 수도 없다. 시간이 얼마나 지나면 이런 기억들이 사그라질까.

어머님 돌아가시면 한 가지 일은 수월해질 것 같았는데 알 수 없는 심정이다. 나를 지탱했던 버팀목이 빠져나가 휘청거리고 머릿속이 텅 빈 것 같다. 손에 일이 잡히지 않는다.

한세상 살다가는 게 이렇게 허무한 것을, 지아비 간병한다는 핑계로 어머님께 소홀했던 것은 욕심 때문이었다. 나만의 시간을 가지고 하고 싶었던 일들이 많았다. 그러나 현실은 시간을 허락하지 않아 질기게 붙들고 안간힘을 다하고 있었다. 내 분수나 처지에 어울리지 않는, 몸에 덕지덕지 달라붙은 욕심의 무게였다. 덜어내야 할 것들이 너무 많은데 비우는 것은 포기하는 것이라고, 저 멀리 보일 것 같은 뭍이 그리워 한사코 부둥켜안고 있었다.

연세 높으셔서 노환을 앓고 계셨던 어머님은 젖은 옷을 갈아입히던 내 팔에 안기어 재우쳐 몰아쉬던 숨을 멈추고 눈을 감으셨다. 그렇게도 자식에 대한 집착이 대단했던 어머님이셨는데 쥐었던 주먹을 맥없이 펴신 채 저승길 무거울세라 몸속에 든 것을 다 비우고 평소에 성품대로 깨끗이 목욕하신 몸으로 가셨다. 하늘과 땅으로 갈라서는 그 길 싸늘하게 식어가는 어머님의 시신을 거두면서 진심으로 용서를 빌고 또 빌었다. 내 짧았던 소견을 용서해 달라고.

한 평 남짓한 어머님 무덤의 잔디를 다독이며 인생의 무상함을 보았다. 어머님 바로 옆, 언젠가 내가 들어가야 채울 빈자리가 마른 풀잎 바스락거리며 하늘바라기를 하고 있다. 저 빈자리를 채우러 오기 전에 비움의 참 의미를 깨달을 수 있다면.

한평생 아등바등 살다간 흔적들이 어머님 유택幽宅 위에 쌓였다. 일생 동안 집안일과 자식밖에 모르셨던 어머님의 생을 초겨울 해 질 녘 산속에 묻어 둔 채 찬바람을 앞세우고 집으로 돌아왔었다.

손

사람의 여러 지체 중에 어느 것 하나 소중하지 않은 기관이 없지만 특별히 할 일이 가장 많은 게 손이다. 하체의 장애가 있을지라도 손이 성하면 첫째 글을 쓸 수 있다는 장점이 있을뿐더러 전문직종의 일도 가능하다. 그리고 인간의 가장 기본적인 먹고 마시고 또 생리활동을 스스로 할 수 있는 소중한 지체 중의 지체이다.

그래서 손은 많은 활동을 하는 만큼 그 이름도 많다. 나눔의 손, 봉사하는 손, 치료하는 손 등등. 지금까지 손에 붙여진 이름이 이렇게 많은데도 고마움도 모르고 살았다. 그저 손은 늘 지체의 일부인 외에는 특별한 감사함을 느끼지 않았다. 그러나 요즘 나는 손이 얼마나 귀한 대접을 받아야 하는지 감사하며 또 내 손에게 미안한 생각이 든다.

이태를 노모 혼자 숨죽여 지켰을, 비워 둔 것이나 다름없었던 집에 장판을 다시 깔고 도배도 하고 유리창도 말끔히 닦았다. 방 안 분위기를 포근하게 하기 위해 커튼도 깨끗이 빨아 걸고 이불 홑청도 갈아끼웠다. 또 "당신을 기다립니다." 라고 쓴 리본을 맨 장미꽃 몇 송이도 꽂았다.

남편이 쓰던 책꽂이와 물건들을 제자리에 놓고 나니 유품을 정리한 듯 설움이 치밀어 올랐다. 유난히 성격이 깔끔하고 글씨를 잘 썼던 그이는 해묵은 노트나 메모지들까지도 차곡차곡 잘 챙겨 두었다. 그동안 쌓인 먼지를 닦아내고 몇 장을 넘겨본 책장 사이에 손때 묻은 편지지 한 장이 들어있었다.

거기에는 "형제간 많은 집, 맏며느리로 시집와서 고생도 많이 했었는데 아직도 가게에서 일하는 당신, 내 마음 같아선 책읽기를 좋아하는 당신에게 시간을 만들어 주고 싶지만 현실은 내 의지대로 되지 않는구려. 조금만 더 기다려 주오." 더 이상 읽을 수가 없었다. 우편으로 부치려다 말고 일기책 속에 접어둔 모양이었다. 늘 무덤덤하고 말이 없는 사람이라고, 아내 속도 몰라준다고 투정을 했었는데 이런 속 깊음이 있을 줄은 미처 몰랐다. 겉으로 말은 안했어도 손으로 이렇게 썼구나 생각하니 더욱 가슴이 미어졌다.

이 년 전 남편은 불행하게도 교통사고로 경추 4, 5번을 크게 다쳤다. 자신의 사고가 심상찮음을 알았을 때 이런 모양으로 집에 갈 수 없다고 울부짖었다.

그러던 남편을 아기 달래듯 해서 오랜 병원생활을 마치고 다음 날이면 퇴원하기로 되어 있다. 오랜만에 집에 돌아오는 그이가 가장의 존재감을 잃지 않고 따뜻한 분위기로 안정을 찾기 위해 애를 써보지만 가슴이 아프다.

건강한 모습으로 걸어서 나간 집을 휠체어에 몸을 겨우 의지하고 돌아오는 그, 잘 쓰던 글씨도 빨아놓은 커튼을 달아주던 일도 인간의 가장 기초적인 동작, 밥 먹는 일도 할 수 없는 모양뿐인 손으로 돌아온다.

볼수록 남편의 일기장이나 메모지들까지도 귀한 보물처럼 느껴져 가슴에 꼭 껴안았다. 여기저기 남편의 손때 묻은 물건들이 슬픈 눈을 껌벅이고 있다. 특히 책꽂이 가장자리에 《성경》 신구약 66권을 손수 써서 제본해 둔 금박 표지 글씨가 유난히 반짝인다. 그이 손이 언제 저렇게 쓸 때가 있었을까, 꿈인가 싶다.

아내를 쉬게 해주고 싶다고 일기를 썼던 남편의 손은 이제 자기의 모든 것을 나에게 의지할 수밖에 없다. 신경이 어긋난 육체의 세분한 기관들, 주인의 명령을 알아듣지 못하는 지체를 십자가처럼 지고 가야만 하는 신세가 되고 말았다. 소중한 지체의 모든 동작 중에 가장 큰 손마저 힘을 잃었다. 자기 몫의 할 일을 잊어버린, 모양뿐인 손을 무슨 손이라고 불러 줄까.

봐라만 봐도 서러운 손이라고 할까, 겨울잠에서 깨어나지 못하는 손이라고 할까.

손가락 하나 까닥도 못하는 지체를 봐라보는 자신의 심정이야 오죽할까

어제도 오늘도 남편의 손은 피울음을 안으로 가둔 채 가지런히 모으고 미동도 없이 연일 기도만 하고 있다. 기도할 틈도 없이 바쁜 아내 몫까지 열심히 기도 중인가 보다. 저 높은 곳을 바라보며 그 긴 기도는 언제 끝날지, 수세미 같은 내 손을 포개서 함께 기도를 해야겠다.

유언장, 구호 물품

이른 아침 초인종이 울렸다. 구호물품을 전달하기 위해 동사무소에서 사회복지사가 왔다. 추석을 맞아 장애우 가정에 구호품으로 쌀 한 포대씩을 나눈다고 한다.

뜻밖의 선물에 의아해서 도움의 출처를 물었다. 부산에서 중소기업을 하는 여수 남면南面이 고향인, 박수관 사장님이 그동안 매년 일억 원의 거금을 보내와서 설과 추석에 장애우 가정마다 쌀 40kg씩을 나누어 주었다고 했다. 올해는 20kg으로 줄여서 더 폭을 넓혔다 했다. 그래서 우리 집까지 오게 되었단다. 그렇다면 그전에 받았던 분들께는 미안한 일이다.

요즘 같은 세상에 자기 재산을, 그것도 한두 번이 아니고 매년 내놓아 어려운 이웃을 돕는 일은 보통 사람으로서는 할 수 없는 일이다.

남편이 교통사고로 척추를 다쳐서 거동을 못한 뒤로 수년 동안 가장이 된 나는 그 어려움을 말로 다 할 수 없었다. 그러나 구호물품을 받기는 처음이고 또 구호대상자가 되었다는 사실도 몰랐다. 구호대상자. 어쩌다 우리가 구호대상자가 됐단 말인가. 가슴 저 밑에서 쿵 하는 소리가 났다. 그 알량한 자존심으로 버텨온 자신을 들켜버린 느낌이다.

수십 가마니의 온기로 다가오는 쌀 한 포대. 우리 집 한 달 식량으로 충분하다. 부자가 된 기분이다. 한참을 바라본 쌀 포대 위로 싸늘한 바람과 함께 살아온 그림자가 내려앉는다. 남을 돕지는 못하더라도 도움을 받는다는 것은 상상도 못 했다. 언제나 꿈꾸던 내 삶은 이게 아니었다.

오두막집에 살더라도, 사립문에 바람이 불어도 꺼지지 않는 등불 밝히고 지친이의 걸음 쉬어갈 멍석을 펴 놓고 싶었다. 불빛 찾아든 이웃들과 오순도순 정담을 나누며 붉은 노을빛 닮은 황혼을 맞이하고 싶었다.

그러나 꿈은 꿈이었다. 현실은 전혀 다른 방향으로 끌고 간다. 일요일마다 남편과 함께 교회에 가려면 여간 힘든 일이 아니지만 늘 우리를 태워주는 개인택시 기사가 있어 편하게 다닌다. 또 남편의 이발을 내가 서툰 솜씨로 직접 하니 볼품이 없었는데 봉사해주는 미용사도 있다. 불경기에 수입도 넉넉하지 않을 텐데 남의 형편을 먼저 살피는 이런 가슴 따뜻한 이웃들이 고맙기만 하다.

시장을 보는 일이랑, 겨울 김장도 친정어머니 같은 언니가 해 준다. 피붙이든 이웃이든 도와주는 이 없다면 남편과 함께 생활하기가 어렵다. 병원을 가야 하는 날도 매한가지다.

앞뒤 돌아보지 않고 줄달음치며 살아온 젊음, 무엇을 위해 그토록 뛰었을까 아쉽기만 하다. 영원히 채울 수 없는 그릇은 마음인 것을, 채우겠다고 발버둥쳤던 지난날이 부끄럽다. 남의 도움 없이는 살 수 없는 현실은 어찌 할 도리가 없다.

남편이 사고 직후 병원에서 몇 년을 보낸 적이 있었다. 거기에서 의과대학생들의 어려움을 들어 알고 있다. 장기臟器 이식을 하면 살아날 수 있는 환자에게 기증자가 없어 속수무책 숨을 거두게 될 때 의과에 지원한 자신이 후회가 된다던 어느 인턴의 글도 병원신문에서 읽었다. 또 해부학을 공부하거나 연구 자료로 쓸 시신屍身이 턱없이 모자란다는 이야기를 들었을 때 나는 몹시 안타까워했다.

살아서 뜻있는 일 한번 해보지 못한 삶, 사후死後를 생각해보았다. 어떤 경우의 최후를 맞더라도 만약 쓸 만한 장기가 있다면 필요한 이에게 줄 것이며 시신은 의과대학교 연구실 신경과에 주고 싶다. 썩어서 흙밥이 될 나무토막만도 못한 육신이지만 필요한 곳에 쓰인다면 큰 보람이 되겠다.

그리고 사후의 수의는 필요 없다. 평소에 즐겨 입던 한복을 입을 것이다. 대학병원 해부학실에 들어갈 것을, 내 고운 한복을 두고 수의가 무슨 소용인가. 이렇게 마음을 정하고 나니 마음이 좀 가벼워졌다.

이제 저물어가는 육신일지라도 잘 보존해야겠다는 책임감이 든다.

나도 이름 모를 그 누구의 구호물품이 되리라 생각하니 기쁘다.

섬 지키는 소나무

여객선 터미널에서 눈앞에 건너다보이는 작은 섬, 장군도로 문학 동아리에서 소풍 가는 날이다. 모처럼 만에 일상에서의 탈출이 좋아 어린 시절 소풍 가는 날처럼 마음이 들떠서 서둘러 집을 나섰다.

초여름의 바닷바람이 상큼하게 뺨을 스친다. 배가 물살을 출렁이며 섬에 닿는 순간 지금까지 설레던 마음은 간데없고 온몸이 소름 끼치게 놀랐다. 추억 속에 아름답던 그 소나무가 흉물스럽게 부러진 채 지친 모습으로 기다리고 있지 않은가. 어느 태풍이, 혹시 지난해 여름 매미의 소치일까 허탈한 감정을 걷잡을 수 없었다.

생각만 해도 꿈같은 그 시절. 가슴 두근거리며 맞선을 보고 처음 본 남자를 따라 간 곳이 장군도였다. 맞선이라고 하지만 그건 형식이었고 어른들 사이에서는 거의 정혼된 것이나 다름이 없었다.

그날따라 우리의 만남을 축복하듯 섬에는 벚꽃이 만발하여 꽃 그림자가 파도 위에 출렁거리고 있었다. 꽃잎 날리는 실바람을 안고 걸으며 서로가 무슨 말을 해야 할지 어색한 발걸음은 벼랑 끝에 서 있는 소나무 밑에 멈췄다. 그때는 사진기가 흔하지 못했던 때라서 관광명소마다 등이나 가슴에 잘된 사진을 걸고 "그림이 좋습니다! 한 장 찍으시죠." 하는 사진기사의 호객 소리를 쉽게 접할 수 있었다. 우리도 거기에 끌린 것이다. 아니 은근히 바라던 사실이었을 것이다.

소나무는 바닷바람에 굳어진 옹이와 뭉글뭉글한 가지들이 피어오르는 뭉게구름처럼 아름다워서 상춘객의 발걸음을 사로잡았다. 그 소나무 밑에서 그이는 왜구의 침입을 막기 위해 '이량' 장군이 수중석성을 쌓았다는 내력을 자세하게 말해주었다. 그래서 장군의 충혼은 푸름 속에 숨 쉬고 있다고 진지하게 말했다. 그 모습에서 나는 쿵쿵거리는 심장 소리를 진정시키며 더욱 더 호감이 갔다.

벚꽃 향기 속에서 우리의 청춘 열정은 무르익어 난생처음으로 맞선을 본 그 해 가을, 결혼을 했다. 그 후 아들딸 올곧게 기르며 평범한 가정을 이루어 둥지 가꾸기에 바빴던 삶은 멀지 않은 이곳이건만 한 번도 찾아오지 못하고 까맣게 잊고 있었다.

그런데 오늘, 동인들과 함께 모처럼 이 섬에 찾아오니 감회와 설움이 울컥 치밀었다. 구름처럼 가지를 늘어뜨리던 소나무는 그 예쁘던 가지를 뭉텅하게 꺾인 채 슬픈 눈으로 옛 지인을 맞이했다.

이 볕 좋은 봄날 그이가 건강치 못한 것도, 소나무가 상처를 크게 입은 것도 우연이 아닌 것 같았다. 가슴 속은 천둥이 몰아쳤다. 주위의 시선은 아랑곳없이 한참을 주저앉아서 바라본 소나무에 남편의 모습이 보였다. 우리 부부가 함께 오지 못했었어도 그이도 소나무도 건강하기만 하다면 얼마나 좋을까 싶어 가슴이 미어졌다.

그이에게도, 소나무에게도 벚꽃 활짝 핀 봄날이 있었던가. 수줍은 시선을 어찌할 줄 몰라 금방 터질 벚꽃망울만 매만지며 얼굴 붉히던 그때가 그립고 또 가슴 저리다.

아침에 집을 나오면서 "나 오늘 장군도로 소풍가요" 하고, 나왔는데 이곳에 와서 보니 함께 산책하던 그 흔적이 생생하게 살아났다. 묻어 두었던 그 시절의 추억들이 곳곳에서 푸른 손짓을 했다. 또 그때 내 마음을 사로잡았던 말로만 들었던 '이량' 장군의 전적비도 여전했다. 벚꽃나무는 예전보다 줄었고 섬 둘레를 바윗돌로 고르게 쌓아서 산책을 하거나 낚시터로도 편하게 다듬어져 있다. 오솔길도 포장을 해 걷기는 편리했지만 자연미를 잃어 아쉽다.

장군도로 소풍 간다는 아내를 보내고 그이는 지금쯤 어떤 생각에 잠겨 있을까. 맞선 보기 전날, 데이트 장소를 마음속으로 미리 정해 놓고 장군도에 대해 혼자 밤새워 자료를 찾았다던 추억도 떠올리고 있을까. 장군도에서 어색한 걸음으로 걷는 우리를 눈치 빠른 사진기사가 다가와서 분위기를 잡으며 셔터를 누를 때 싫지 않았던 그때를 기억하고 있을까. 아니면 출장이 잦아서 서로가 애틋했던 신혼시절을 그리워하고 있을까. 만감이 교차되는 순간이다.

이제 아이들도 자라서 제몫들을 하고 산다. 그이만 건강하다면 오늘 같은 날 동행할 수도 있었을 것이다. 착잡한 속내를 아는지 하얀 여객선이 뱃고동 길게 울리며 거대한 체구를 꿈틀거리고 그 위로 하얀 갈매기 한 마리 날아오른다.

부러진 가지인 채 떨고 서서 섬을 지키는 소나무에 물을 주고 싶다.

– 2002년

중환자실에서

사이렌을 울리면서 달리는 구급차 속에서 창백해진 남편의 얼굴은 사경을 헤매고 있었다. 응급실 의사들의 날랜 응급조치 후, 몸서리쳤던 중환자실에 또다시 입원하게 됐다. 처음 보는 장면도 아니건만 섬뜩한 마음을 숨길 수 없었다. 환자 모두가 줄줄이 걸린 주사약병 외에도 코나 입에 꽂힌 줄이며 기구, 목에까지 구멍이 뚫렸으니 사람의 모습들이 아니다. 젊은 간호사가 환자들의 대소변을 능숙하게 처리해 주니 참 대견해 보였다. 그런데 그 일도 서열대로 하는지 꼭 하는 이만 계속하고 있었다.

병실 중앙 통로를 두고 양쪽으로 나열된 왼쪽 줄 맨 안쪽 침대의 입원환자는 수족을 못 쓰는 남자 중풍환자인데 가족이 없어져 버렸단다. 그런데 매일 세 번씩을 어김없이 찾아와 밥을 먹여주는 고마운 친구가 있다. 그렇지만 그 친구 역시 직장도 없고 오갈 데

없는 신세라 한다. 그런 사정을 알게 된 인심 좋은 식당 아주머니가 밥 한 공기씩을 덤으로 주어 친구도 먹여주고 그 덕분에 자기도 끼니를 때운다는 것이다.

그러나 이런 관계도 길게 가지 못했다. 병원에서 경찰관 입회하에 환자를 어디론가 옮기고 있었다. 병원 측에서도 무한정으로 둘 수가 없어 사회복지 시설로 보내는 게 아닌가 싶었다. 이 사실을 예상하지 못했던 밥을 먹여주던 친구는 텅 빈 침대를 한참이나 바라보다 무거운 발걸음은 문 밖으로 사라졌다. 중환자실 분위기는 더욱 가라앉았다.

그 건너편 침대의 환자는 장암 수술을 받았지만 말기 증세라 통증이 너무 심해 진통제로 산다고 본인 스스로 말했다. 퀭한 눈에 뼈만 앙상하게 남은 몸, 손수 오물 묻은 기저귀를 갈아 차면서 가족들에게서 버림을 받았다고 쩌렁쩌렁 울리는 소리로 욕을 해댔다. 전후 사정은 알 수 없지만 죽음의 문턱에서도 누구를 원망하고 소리 지를 힘이 남아 있는 걸 보면 아직 축내야 할 쌀이 많이 남은 것 같았다.

우리 침대를 사이에 두고 한쪽은 간암 말기 환자, 또 다른 한쪽은 폐렴 환자가 들어왔다. 간암 환자는 의식은 멀쩡한 채 고통을 참느라 신음 소리는 애간장을 끊는 듯했다. 폐렴환자는 고열이 나는지 간호사들이 얼음주머니를 들고 왔다갔다 분주했다. 그 와중에 폐렴환자는 건너편 간암환자를 봐라보며 "나쁜 놈, 나쁜 놈." 하고 소리쳤다. 모두들 고열로 헛소리를 하는 줄 알았다. 그러나 이틀 후 열이 내리고 의식이 회복되자 정색을 하고 간암환자에게 말을 걸었다. 내용은 간암환자가 폐렴환자에게서 15년 전에 상당수의 돈을 빌려가서 갚지 않았다는 것이다. "원수는 외나무다리에서 만난다더니, 여기서 만날 줄이야. 서울로 도망가서 잘산다더니." 씩씩거리는 폐렴환자의 분노는 대단했다.

"저 사람 두 달밖에 못 산다혀요. 인제 우리 그 돈 포기합시다."

아내는 남편을 달래고 있었다. 남편은 버럭 화를 내면서 "당신은 나서지 마. 내가 그 돈 땜에 몇 년을 고생을 했는데 돈을 못 갚으면 용서라도 빌어야지." 분이 쉽게 가라앉지 않는 모양이다. 간암환자는 대꾸도 안 하고 한참을 있더니 큰 소리로

"죽어 가는 놈이 무슨 정신이 있어, 나 아무 것도 몰라." 하고는 돌아누워버린다. 입맛이 씁쓸했다. 돈이 무엇이기에 죽음 앞에서도 진실할 수 없는지, 간암환자 보호자들의 옷매무새를 봐서는 궁색한 형편은 아닌 것 같았다. "우리 그 돈 포기합시다." 하고 진지한 표정으로 남편을 달래는 아내의 얼굴은 환해 보였다.

그 맞은편 침대 환자는 어제 영안실로 갔다.

곧이어 머리가 새하얀 할아버지 환자와 함께 머리가 새까맣고 곱슬곱슬한 할머니가 보호자로 따라왔다. 할아버지의 입과 코에

인공호흡기가 달린 것을 보면 예사로운 증상이 아님을 알 수 있었다. 입원 첫날부터 할머니는 침대 커버가 낡았느니 보호자 침대 자리가 좁다느니 생트집이다. 마침내 옆 침대 보호자와 다투기 시작했고, 끝내 일이 터지고 말았다. 고희를 넘었을 곱슬머리 할머니가 옆 침대 젊은 보호자를 끌고 밖으로 나가 곧바로 머리채를 거머잡았다. 순식간에 중환자실 복도는 두 여인의 고함소리로 넘쳤다. 경비 아저씨가 달려와서 두 사람은 밖으로 끌려 나갔지만 한참 동안 고함소리는 들려왔다. 다행히 젊은 보호자 환자의 병이 호전되어 일반 병실로 옮겨가서 자연스럽게 진정이 되었다. 젊지도 않은 나이에 중병인 영감님을 두고 어디서 그런 괴력이 나왔을까. 남편 간호하느라 지쳐 있어 그 힘이 부러웠지만 무서워서 쳐다보지도 못 했다.

반면 맨 앞쪽 햇빛이 곱게 비치는 창가 침대에 이층 계단에서 굴렀다던 할머니는 뇌수술을 한 지 한 달 보름이 넘었다고 했다. 두 딸은 서울에서 다녀갔다. 이 지방에 사는 아들 삼형제가 순번을 정해 교대로 수발하고 있었다. 낮에는 며느리들이 하고 밤에는 퇴근한 아들들이 했다. 그중에 맞벌이하는 아들도 있었는데 그들은 주말로 담당을 해서 아주 지혜롭게 간호를 하고 있었다. 어머니에 대한 효성과 형제들의 우애가 대단했다. 어느 누구도 힘들어하는 기색이 없었다. 의사들의 치료와 자녀들의 간호 속에 그 어머니는 빠른 속도로 회복되고 있었다.

이주일 간의 병원 생활을 마치고 남편은 퇴원을 했지만 중환자실에서의 일들이 쉽게 지워지지 않았다. 난 따뜻한 밥상을 앞에 두고 날씨는 추운데 어디론가 실려 간 환자와 밥을 먹여주고 또 자기도 허기진 배를 채우던 그 친구가 궁금하다.

학교 갈라고

따스한 햇살이 예쁜 개나리 꽃망울을 터트리면 학교마다 한 아름씩 꿈을 안고 입학을 하게 된다. 그것도 첫아이 초등학교 입학식은 부모들까지 함께 들떠서 집안은 바빠지게 마련이다.

이제는 아이들이 장성하여 초등학교 입학식을 본 지가 까마득하기만 하다. 자녀를 하나나 둘만 키우는 요즘 젊은 부모들의 교육열이 대단하다는 것은 새삼스런 일이 아니다. 말을 배우기가 무섭게 영어, 미술, 피아노학원 거쳐서 초등학교를 간다고 한다. 그래서 초등학교 입학이 그다지 새로울 게 없다는 부모들도 있다.

우리 아이들이 자랄 때는 지금 같은 학원이나 사교육 시설은 이름도 몰랐다. 그래서 우리 아이는 초등학교가 교육의 첫걸음이었다.

그래서인지 큰아이 초등학교(그때는 국민학교) 입학식 날, 아들은 물론이고 온 가족이 들떠 있었다. 입학식 며칠 전 예비소집을 다녀와서 큰 글씨의 이름표와 하얀 손수건을 새 옷에 달아 놓았다. 아이는 그 옷을 매일같이 몇 번을 입었다 벗었다 들떠있었다. 입학 당일 이른 아침부터 비가 오지나 않을까 하고 창문을 몇 번을 열었다 닫았다 반복하면서 좋아 어쩔 줄 몰라 했다.

그날 아이의 손을 잡고 학교에 갔던, 가슴 뿌듯한 그때가 생각만 해도 그립다. 선생님께서 "1학년! 앞으로 나란히." 하는 호루라기 소리에 맞추어 하나 둘, 하나 둘을 따라 하던 어설픈 동작도 귀엽기만 했다. 엄마나 할머니 앞에서 응석만 부리던 아이가 어느새 의젓해 보였다. 아이들을 키우던 과정 중에서 초등학교 다니던 그때가 가장 행복했던 것 같다.

그때 나는 한참 인기가 많았던 옷을 만드는 가게를 하고 있어서 아이를 주로 어머님께서 따라다니셨다. 다행이 학교가 집에서 가까워 별 어려움은 없었다. 아이가 학교에서 돌아오면 그날 배운 것과 친구가 새로 생겼다는 이야기들로 즐겁기만 했다. 아이가 학교에서 처음으로 한글을 배웠다는 날이었다. 집에 오기가 바쁘게 연필을 꾹꾹 눌러서 'ㄱ, ㄴ' 을 쓰고 있을 때 가족 모두 기특하고 대견해서 웃음꽃이 피었다. 곁에서 보고 계시던 어머님은 부러운 듯이 "신기하게 잘도 쓴다. 이 할미는 어렸을 때 아버지가 여자는 글을 배우면 안 된다고 해서 못 배웠다. 그래서 낫 놓고 기역자도 모르는 세상을 산다야."라고 말씀하셨다.

수십 년 전의 이야기다. 그때 그 아이는 올해 두 아이 아빠가 되어 첫애가 유치원엘 갔다. 그리고 시어머님은 하늘나라에 계신다. 그 어머니께서 돌아기시기 직전의 일이다. 아흔을 넘어 정신줄을 놓아버린 상태의 아침, 어머님은 어떻게 달았는지 가슴에 하얀 손수건을 달고 어린 아기처럼 방에서 엉금엉금 기어서 나왔다. 나는 "어머님, 손수건은 왜 달았어요." 하고 여쭈었더니 "학교 갈라고." 전혀 예상 밖의 말씀이어서 가슴이 철렁했다.

어머님은 정신을 전부 놓아버린 것은 아니구나. 평생을 묻어두었던 그 '찐'한 소망만은 꼭 붙들고 계신 것인가. 갓 시집왔을 무렵 어머님께 전화번호나 읽혀 드리려고 숫자 깨우치기를 권해 봤지만 자존심 강한 어머님 성품에 쉽지가 않았다. 그 후로는 평소에 며칠이냐, 몇 시냐 하고, 딸이나 손자에게 물으셨다.

글을 읽지 못해 답답했던 한을, 겨울철 석양볕 같은 생의 끝자락에서 그 간절함이, 무의식 속에서 표출되었을까. 그리고 아들이나 딸을 못 알아보면서도 수십 년을 함께 살아온 세월의 무게가 희미하게나마 남았을까, 큰며느리인 나는 정확하게 알아보았다. 가을걷이 끝낸 밭에 남은 수숫대 같은 육체를 지탱하는 정도의 의식 속에 잠재됐던 "학교 갈라고.", 또 큰며느리인 나를 알아보는 기억의 기능은 무엇일까 가슴이 짠했다.

그때 나는 장기간 남편 수발과 어머님 수발에 힘들어서 짜증이 날 때도 있었던 것이 솔직한 심정이다. 그러나 이제 모두 떠나고 혼자 남아 일흔을 바라보며 귀여운 손녀가 유치원에서 배운 기특한 재롱을 보는데 생뚱맞게 그 옛날 시어머니 모습이 떠오를까. 아마 시어머님이 계셨다면 왕할머니로 무척이나 예뻐했을 텐데.

3부

/

뭍으로 가는 배

나에서 우리로

〈지역사회복지론〉 서평쓰기 과제로 《나에서 우리로》를 선택했다. 면접 때 받았던 여러 권장도서였지만 서평을 쓰려고 다시 읽어도 그 감동은 더했다. 형제가 공동집필했다는 점에서도 호기심이 컸다. 게다가 "전 세계 100만 아이들을 살리는 세상에서 가장 용감한 형제이야기"라는 책 제목 위의 글씨가 내 마음을 사로잡았다. 부모의 보호 아래 응석을 부려도 될 만한 열두 살 어린 나이에 남을 돕겠다는 기특한 생각을 어떻게 했을까. 더욱이 자기 나라 안에서도 아닌 세계의 어린이들을 품은 천사들, 어려서부터 자원봉사에 관심을 두고 부모가 함께 참여하면서 몸에 밸 수 있도록 키웠을 그 모습을 상상하며 읽었다.

'마크와 크레이그 킬버거' Marc & Craig Kielburger 형제는

나눔이라는 실천을 통해 행복을 느끼는 차원의 크기가 한없이 큰 거인으로 세계에 우뚝 섰다. 'Free The Children(어린이에게 자유를)'이라는 단체를 설립해서 가난한 아이들의 교육에 목적을 두고 활동하고 있다. 더욱이 유엔회의, 세계경제포럼 참석까지 어른들을 능가하는 행보에 놀라지 않을 수 없었다. 그 형제의 활동 무대는 보통 상식으로는 믿기 어려운 지구 이편 끝에서 저편 끝까지로 울려 퍼졌다. 더 놀라운 것은 그 일이 지속적으로 자신들과 함께 성장하고 있다는 사실이다.

뒤돌아보면 지금까지 장성한 내 아이들이 제 앞가림하고 사는 것에 만족하고 살았다. 그 아이들을 키우면서 어떤 이야기들을 들려주었을까, 대가족을 이끌어야 한다는 책임감에 옥죄어 아이들과 눈 맞출 시간도 없이 일만 하지 않았나 싶다. 그리고 또 좋은 학교 진학이 우선이라고 했을 것 같다. 그러나 다시 옛날로 돌아가 아이들을 키운다 해도 그렇게 큰 뜻을 품은 부모의 흉내도 낼 수 없을 것 같다.

"청소년은 수로가 열리지 않은 힘의 저수"라는 말이 아주 감동적이었다. 청소년들에게 무한한 가능성이 잠재해 있음을 일깨워주는 신선한 외침이었다.

"친절을 위한 작은 걸음 하나가 인류를 위한 커다란 발걸음으로 이어진다는 말을 믿기에 이 책을 쓸 수 있었다."

– 마크와 크레이그 〈지금부터 시작이다〉 서문 결말에서

형제의 발걸음은 세계를 순회하며 가난한 어린이들을 교육시키고자 모임과 단체를 설립하고 후원자를 모으는 것에 그치지 않았다. '마더 테레사'를 만나서 뜻을 함께하고 또 행사에 동참하는가 하면 그의 봉사를 넘어선 희생과 헌신을 배우고, 현장에서 참여했던 경험을 써서 출판하므로 더 많은 효과를 얻고 있었다. 마더 테레사 수녀님의 살아생전 삶은 굳이 말하지 않아도 다 아는, 인류를 기아와 질병과 전쟁에서 구해내는 '아가페적 사랑'을 베풀고 그의 육신은 떠났다. 그러나 영혼만은 영원히 꺼지지 않는 인류의 등불로 타오르고 있다. 또 그는 노벨평화상 시상식에 참석하지 않았고, 그 연회비를 가난하고 집 없는 이들에게 나누어야 한다는 주장은 진한 감동이었다. 발길 닿는 곳마다 나눔의 단체를 설립해 우리라는 깃발을 걸어 세상을 감동시킨 업적의 기록은 세 사람모두의 아름다운 공통점이다.

"집에 깔라고 누군가가 기부한 벨벳 양탄자를 찢어 가난한 사람들에게 나누어 주었다. 마더 테레사는 1979년 노벨평화상을 수상했다. 하지만 그녀는 화려한 수상축하 연회에 참석하지 않겠다는….”

– 〈큰사랑으로 작은 일을 할 뿐〉 중에서

"나는 세계 각지를 여행하면서 사람들에게 전쟁이 얼마나 나쁜 것인지, 포용과 용서가 얼마나 좋은 것인지, 우리의 진짜 적은 분노와 냉소라는 것을 강연했다."

– 킴퍽, 〈네이팜탄이 내게 준 것〉 중에서

'킴퍽'은 베트남 전쟁으로, 받은 것이라곤 가난과 폭격을 받아 큰 화상을 입은 것뿐이다. 살이 타서 녹아내릴 정도의 끔찍한 화상을 입고 그 아픈 고통을 이겨내고 마음의 치유를 얻기까지 많은 시간을 보냈다.

그러나 그는 포용과 용서를 깨닫고부터 진정한 치유라는 걸 경험한다. 그리고 전쟁이 얼마나 인류사회에 나쁜 영향을 주는지, 아픈 것에 그치지 않고 베푸는 실천을 통해 진정한 치유를 받는다.

본인은 종군기자의 도움으로 수년에 걸쳐 상처는 아물었지만 그 후유증으로 수차례의 피부이식을 하여 햇빛을 제대로 받을 수 없는 고통과 마음의 상처는 더 컸다. 그런 중에 증오와 분노를 넘어서 다른 이에게 다가가라는 '크고 귀한 내면'의 음성을 들었다는 고백은 상상을 초월한 용서와 사랑이리라. 그녀는 기부라는 게 많이 가지지 않아도 힘을 모아 앞장을 서서 진심으로 행동하면 냇물이 모여 강물이 되는 진리를 만방에 전하고 있었다.

'크레이그'는 '어째서 나는 이렇게 운이 좋은 걸까?' 다른 사람은 왜 삶이 그렇게 고달픈 것인가? 참 기특하고 아름다운 자문을 한다. 이렇듯 이 세상 사람이 살아가는 곳마다 나눔과 희망의 나팔수 역할을 했다.

우리가 사는 지구 저편에는 12세 어린아이가 노동자로 일하고 있다는 사실도 충격이다. 우리나라 같으면 고작 초등학교 4학년일 텐데, 이런 기막힌 현실이 있다. 이 기사를 본 '크레이그'는 분노하는 데 그치지 않고 대책을 세워 부모님의 허락을 받아 파키스탄으로 달려가 '어린이에게 자유를'이라는 단체를 설립했다. 감히 어른들도 할 수 없는 큰일로 세상을 바꿔 나갔다. 그곳에서 현재 일하는 인원이 만 명이 넘는다니 그 단체의 규모는 가히 짐작할 만하다. 그 혜택을 받는 어린들이 얼마일까. 그런 큰일을 하면서 그 형제는 지금, 하버드대 법학과를 마치고 유능한 법조인이 되어 있다. 나눔과 봉사 그리고 자기성장 및 몇 마리의 토끼를 함께 잡는 체험의 삶은 기부라고, 이 시대를 향해 외치고 있었다.

이렇듯 앳된 형제가 인종을 망라해 세계를 향해 '나에서 우리로' 나가자고 몸소 실천하고 있다.

그러나 우리의 남과 북은 언어도 하나요, 글도 하나인, 한 핏줄이다. 그런데도 북쪽의 아동들이 기아에 허덕이고 있다. 기름기가 잘잘 흐르는 김정은의 얼굴과는 너무도 대조적이다. 또 우리 남쪽 여성들은 셋만 모여도 살빼기가 화제다. 쌀이 남아 저장 창고가 넘친단다. 물론 정치적인 문제가 있겠지만, 지금 개성공단 사업주들 속 타는 마음을 누가 알아줄 것인가. 개성공단이 입주될 때 우리 국민들은 기대가 컸을 것이다. 통일보다 앞서 민간 기업들이 오고가다 보면 자연스럽게 문화 차이는 알려지게 마련이고, 남쪽의 식량과 기술자원, 북쪽의 지하자원을 교류한다면 우리 모두 이익이 될 것은 자명한 일이라고 믿었다. 우리 남쪽에 남아도는 쌀, 용서는 언제나 가진 자가 먼저 손 내밀어 주어야 하지 않을까.

청문회 때 나오는 고급관리들의 비도덕적 재산불리기, 차마 눈뜨고 볼 수가 없다. 그들은 눈부신 학벌, 또 그 많은 부를 가지고도 왜 늘 허기지고 목이 마를까.

《나에서 우리로》. 이 책속에 있는 여러 편의 글들, 모두 내용은 달라도 맥락은 하나같이 "나에서 우리로"였다.

뜨거웠던 여름

여름은 뜨겁고 더워야 제맛이고 겨울은 추운 게 자연의 순리이다. 그렇더라도 지난여름은 유례없이 뜨겁고 길었지만, 또 짧은 여름이었다. 5월부터 8월까지 삼 개월 동안 비가 거의 오지 않았다. 몇 번 밤비가 내렸으나 큰비는 아니었다. 그래서 인근 밭의 농작물이 시들어 가는데도 이곳 시민들은 태연하게 박수를 치는가 하면, 각 종교단체에서도 매일같이 맑은 날씨와 비가 오더라도 밤에만 살짝 오기를 기원하는 어처구니없는 기도를 드리고 있었다. 그 기도에 나도 한몫했지만.

2012년 5월 12일부터 8월 12일까지의 세계박람회, 〈살아 있는 바다 숨 쉬는 연안〉이라는 주제로 세계적인 큰 행사를 치렀다. 이에 시민들의 각오와 다짐도 대단했다. 수년 전부터 계획하고 준비했었지만, 국가적 재원 조달이 늦어져 어려움이 많았다. 개회 며칠 전까지 예정된 도로 공사를 끝내지 못해 연일 야간작업을 하는 것을 바라보는 시민의 마음은 타들어갔다. 주관처의 산적한 어려움과 시민들의 들끓는 불평과 억측 속에서도 날로 새 도로가 생기고 터널이 뚫리고, 교량이 준공되어 그야말로 상전벽해桑田碧海되는 꿈같은 현실이 눈앞에 펼쳐졌다. 거기에는 날씨가 큰 몫을 했다.

지금까지 이 지역은 국토의 균형발전에 크게 따르지 못했음은 다 아는 사실이다. 이를 알고 하늘이 도우신 것일까. 날씨는 여수 시민의 소망을 들어주었다. 수많은 어려움을 딛고 개회 성공의 종을 울렸다. 물론 손익을 따지자면 성공이라 할 수도 없다고 한다. 그러나 그 큰 행사에 별 사고가 없었고, 넓어진 도로와 재정비된 철도며 상상도 못할 정도로 지역 환경이 급속히 발전을 했다. 우리의 후손들이 살아가는 데 새로운 비전을 안겨 주었다. 더러는 보이지 않는 몇몇 곳에서 뒷말도 탈도 있었다. 좀 더 치밀하게 진행했더라면 하는 아쉬움이 없지 않았지만, 큰일을 치르는 데에 그만한 흠쯤은 있게 마련이다.

"항해 중에는 선장을 바꾸지 않는다."라는 말을 뒤엎고 대회 준비 중에 여수시장이 바뀌는 사건이 있었는가 하면, 이 좁은 지역에서 교통 대란이 일어날 것이라는 우려는 기우로 바뀌었다. 뜨거웠던 날씨만큼 관계자들의 열띤 수고와 여수 시민들의 훌륭한 의식의 열매다. 이번 행사로 시민의 자부심과 여수의 위상이 한층 높아졌다.

여수시의 국제적인 행사뿐만 아니라 나에게도 올여름은 뜨거운 만큼 특별했다. 늘 가슴 한쪽을 차지했던 시대의 희생양, 배움의 갈증이었다. 아이들은 늦도록 학업을 계속했고 남편은 건강을 잃어 십 년을 병원에서 살았다.

삼십오 년 동안 가정의 생계를 지탱해 주었던 나의 '맞춤복 가게'는 기성복 시대에 밀려나 문을 닫아야 했다. 그 후 직장생활 육 년. 예순의 중반을 넘은 새해, 나의 간절한 염원은 더 이상 참을 수가 없어 과감하게 사표를 던졌다.

매일같이 박람회 열기로 들썩이고 외지의 친척들이 다녀가고 어지간히 마음을 다잡지 않으면 안 되었다. 사 개월이라는 시간을 두고 두 번의 검정고시를 치렀다. 마음은 훤한데 기억력은 따로 놀아 두 아이들에게 밤낮으로 전화를 붙들고 도움을 받아야 했다. 같은 수학문제를 몇 번이고 질문해도 세세하게 풀어 이해할 수 있도록 설명해 주었지만 너무 힘들어 포기하고 싶은 때도 없지 않았다. 그때마다 "너희 늙은이는 꿈을 꾸며 너희 젊은이는 이상을 볼 것이며"[1] 또 "너희 젊은이들은 환상을 보고 너희 늙은이들은 꿈을 꾸리라."[2] 이 말씀을 읽고 또 읽으며 포기하지 않고 꿈과 용기를 잃지 않을 수 있었다. 밤잠을 줄이면서도 오히려 내 마음은 즐겁고 희망에 부풀기만 했다. 대입자격시험은 박람회가 끝나는 일주일 전 날이었다.

몸과 마음이 홀가분한 다음날부터 박람회 관람 열기에 흠뻑 빠져들 수 있었다. 그 희열이란 말로 다 할 수 없었다. 구경하기 위해서는 세 시간은 족히 기다려야 했다. 그래도 질서를 잘 지켜 기다린 만큼 볼 것도 많았다. 화장실이나 주위도 깨끗해서 수고하는 이들에게 감사했다. 곳곳마다 땡볕에 줄을 서서 모두들 한두 시간씩 기다리는 것은 예사였다.

힘든 여름 동안 나에게 용기를 주었던 아들딸은 말할 것도 없고, 강원도 산골에서 농촌 목회를 하는 남동생의 응원은 보약이었다. 나는 지금 대학 수시모집에 합격등록하고 입학을 기다리는 설렘에 가슴이 부풀어 있다. 늘그막 인생이 이렇게 즐겁고 기쁠 수 있는가.

평탄치 안았던 육십 평생을 견뎌냈던 소망은 불가마 같은 올 여름을 지나 도자기로 태어나고픈 간절함으로 손을 모은다. 뜨거웠던 여름을 이겨낸 여수시민들, 세계에 감동을 안겨 주었던 여수시의 웅비하는 날갯짓도 자랑스럽다.

---

1) (욜 2:28)

2) (행 2:17)

뭍으로 가는 배

열흘 걸러 한 번씩이나 오는 집배원 아저씨는 내 이름을 부르며 편지 한 통을 두고 갔다. 기다리던 오빠의 답장이다. 국민학교 삼학년인 나는 며칠 전 학교에서 사회시간에 처음으로 편지를 써서 우표를 붙여 모형 우체통에 넣었다.

그때 오빠는 시내에 있는 여수고등학교에 다니고 있었다. 설레는 마음으로 뜯어 본 오빠의 답장에는 "참 기특하다. 네가 편지를 다 쓰다니." 칭찬과 함께 전등불이 있다는 시내 거리 풍경이나 학교생활 이야기들을 재미있게 써 놓았다.

오빠는 검정 교복에 금빛 단추 또 검정 모자에 하얀 두 줄이 유난히 빛나던 복장으로 겨울방학 때면 집에 다녀갔다. "이곳은 섬 아닌 섬이다. 밖으로 나가야 한다. 여자도 배워야 한다." 라고 말해 내 마음을 설레게 했다. 그러나 오빠는 내가 오학년 때 군 입대를 하고 말았다. 영화배우가 되기를 원했지만 법과대학만을 강요하는 할아버지 성화에 반발로 지원해서 육군 장교가 되었다. 그리고 또 미국 유학 이 년 동안 우리는 많은 사연을 주고받으며 고향의 낙후된 환경에 가슴 아파했다.

내가 태어나기, 전 일제강점기 때 아버지는 왜 애써 공부해서 합격한 사무관직을, 또 국어교사를, 차례대로 내려놓고 서툰 농사꾼으로 지내는지 나는 이해할 수가 없었다.

그때 우리 집에서 5km 떨어진 면사무소 옆에 고등공민학교(중등과정)가 있었고 아버지는 국어교사로 계셨다. 정규 남자 중학교로 승격된 기쁨이 가시기도 전 3·15 부정선거, 4·19 혁명, 그리고 5·16 군사정변 또 유신정책 등 혼란한 정치 격동기에 아버지는 단호하게 사표를 내고 말았다. 우리 가족 중 아버지를 이해하는 이는 오직 할아버지 한 분뿐이었다.

"딸을 밖으로 내보낼 수 없다."라며 크게 화를 내신 할아버지는 어머니 방에 물 한 동이를 퍼붓고 집을 나섰다. 다음날 돌아오실 때는 기역자처럼 생긴 큰 자를 든 낯선 언니가 따라왔다. 할아버지께서는 "너를 가르칠 선생을 데려왔다. 무릇 여자는 침선방적針線紡績이라, 조선옷하고 베 짜는 일은 네 어미가 잘하니 양재는 이 여선생에게서 배우도록 하여라." 하셨고, 밭을 팔아 재봉틀까지 사 주셨다.

그날 어머니가 제일 좋아하셨다. 곧바로 내 방 벽에 다리를 떼어 낸 제사상을 걸고 칠판으로 썼다. 어쨌든 배우는 게 재미있어 여학교가고 싶은 생각도 조금씩 잊어가고 있었다.

그 후 내 나이 스물넷 혼담이 오고 갈 때 내 머리 속에 번뜩이는 무엇이 있었다. 이 섬에서 벗어날 기회가 온 것이라는 기발한 생각을 했다. 칠 남매의 장남이라고 어머니가 염려를 했지만 나는 개의치 않았다. 그저 여학교가 있는 시내로 시집갈 수 있다는 것에 내심 들떠 있었다.

그러나 우리가 결혼 한 지 넉 달 만에 지병이 있었던 시아버지는 세상을 뜨고 말았다. 아홉 가족의 생계는 남편의 작은 어깨에 매달렸다. 첫돌이 갓 지난 둘째아이를 두고 1973년 겨울 여성 맞춤복점을 열었다. 처음에는 경험도 없고 부족한 실력으로 시작했지만 서울·광주·삼천포 전국 어디든지 좋은 강의가 있는 곳이면 찾아다니며 배워서 직접 마름질을 하게 되었다.

가게는 날로 번창했고, 30년을 넘게 운영한 그 덕분에 착하기만 했던 여섯 시동생들 혼인도, 새 집을 짓는 일도 수월하게 할 수 있었다. 그러면서도 내 속에는 두 아이의 교육이 끝나기만 하면, 하고 싶었던 그 꿈을 이루리라는 희망이 사그라지지 않았다. 밤낮으로 일을 해서 발등이 퉁퉁 부어도 라디오 프로에 투고와 여성백일장에도 참여하며 글쓰기에 끈을 붙잡고 즐겁기만 했다.

그러나 나의 소망은 닻을 올리기도 전 태풍에 휩쓸렸다. 남편의 갑작스런 교통사고로 가장家長이 된 것은 말할 것도 없을뿐더러 남편의 손발이 되어야 했다. 손이 넷이라도 부족할 판이었다. 그 와중에 눈물로 딸의 결혼식도 치렀다.

그때 뜻밖의 희소식이 날아왔다. 이 지방 국립대학교에 평생교육원 문예창작과가 개설된다는 소식이다. 이제는 기쁨보다는 거동이 불편한 남편과 고등교육을 못 받은 자신이 너무 초라하고 두렵기만 했다.

그러나 매주 월요일만 세 시간씩 하는 문예창작 강의가 어찌 그리 재미있던지 일주일이 더디기만 했다. 시를 쓰고 수필을 쓰고 어설프게 썼는데도 선생님의 칭찬 한마디에 내 마음은 날아갈 것만 같았다. 강의가 있는 날은 제일 먼저 가서 맨 앞에 앉아서 연속 삼 학기를 수강했어도 아쉬움은 남았다.

뭍으로 가는 배는 드디어 닻을 올렸다.2000년

실습 일지

예순 중반을 넘은 나이에 실습은 건너뛰라는 주위의 염려를 뒤로하고 2학년이 되기 전 4주간 어린이집 실습을 나갔다. 첫째 날 날부터 원장님의 지도로 〈백지설과 모델링이론〉 보육의 패러다임 변화 등 이론수업 1주일 내내 많은 리포트를 써냈다. 이는 지난 두 학기 동안 배웠던 내용들이지만 마주 앉아 즉답질문이 오고갈 때 쉽지 않았다. 그러나 지나고 보니 참 유익함을 알아차렸고 또 현장실습의 중요성을 더욱 실감했다.

"앞으로 한 달 동안 여러분과 함께할 실습 나온 선생님이에요." 담임 선생님의 소개에 곧 박수로 화답하는 호기심 가득한 반짝반짝 빛나는 눈동자들이 귀엽고 예쁘기만 했다.

난 긴장을 숨기고 "예쁜 친구들, 만나서 반가워요."라고 인사하고 담임 선생님의 지도에 따랐다. 혹시 할머니라고 싫어하면 어쩌나 하고 조바심이 앞섰다.

보기만 해도 사랑스러운 이 천사들과 하루의 시작은 배꼽인사였다. 양손을 얌전하게 배꼽 위에 가지런히 대고 활기차고 똘똘하게 “안녕하십니까?” 하고 등원 인사와 그날의 기분에 대해서도 진지한 의사 표현을 했다.

예쁜 장갑을 새로 샀다거나 또는 늦잠을 자서 엄마가 화냈다는 등 등원하기 전 집에서 있었던 잔잔한 일들을, 자신의 기분으로 표현하는 모습은 기특해서 흥분되기도 했다. 그뿐만 아니라 식사예절, 화장실 이용, 교통질서, 어느 것 하나 모자라지 않은 기본생활습관을 익히는 모습은 대견했다.

이 순수한 천사들은 나의 긴장과 조바심을 한순간에 녹여버렸다. 창의적 사고와 인지학습의 일면인 색종이 접기와 정서순화를 위한 동화책을 읽어줄 때도 앞 다투어 내 곁으로 모여들었다. 또 무릎에 앉으려고 서로 다투기까지 했다. 할 수 없이 담임 선생님은 아무도 무릎에 앉지 말라는 거리 제한을 두게 했다. 하지만 돌아서면 금방 다시 매달렸다. 나는 순서를 정해서 안아주기로 했다. 그러나 조금도 힘들지 않았고 기쁘기만 했다. “선생님 쉬, 물, 코 나왔어요.” 숨 돌릴 틈 없이 여기저기서 ‘할머니 선생님’을 끊임없이 불렀다. 심지어 등원하고 가방이나 소지품을 받아 정리하는 데도 담임 선생님을 밀어내고 내 앞으로 다가와서 민망할 때가 종종 있었다.

겨울방학을 전후로 일 년 동안 배웠던 모두를 부모들 앞에서 선보이는 날이었다. '어린이집 예술축제'. 힘과 자신감 넘치는 난타의 우렁찬 북소리, 절도 있는 발차기와 송판을 쪼개는 기압 소리가 공연장 밖에까지 울리는 태권무는 영아들이라고 믿기지 않을 만큼 당찬 끼를 마음껏 뿜어냈다. 그중에 더욱 인상적인 것은 '밤밸' 연주였다. 흔하게 보지 못했던 생소한 악기였으며 그 고사리 손, 수십 명이 연주 하는 정적인 음률이 감동의 도가니였다.

핵가족 문화로 익숙해져버린, 어른이 없는 이 시대에 교육철학을 올곧게 품은 교사진은 할아버지, 엄마, 언니, 누나처럼 연령의 분포도가 대가족 분위기 조화를 이루고 있었다. 더욱이 교사들은 아이들을 돌봐야 하고 꼬박꼬박 써야 하는 일지에 지칠 만도 한데, 항상 웃는 얼굴에 포근하고 훈훈한 사랑은 대단했다.

더욱이 자유놀이 시간이나 동화책을 읽은 뒤에는 반드시 확장사고에 대해 질문을 해 영아들의 사고력을 길러주었다. 그리고 식사 시간에 아이들에게 음식물의 중요성과 식사예절을 애정 어린 표정으로 자연스럽게 가르치는 모습은 모정의 사랑이 아니고서는 할 수 없는 감동이었다. 한편 친구를 밀친다거나 놀린다거나 했을 때는 알아듣도록 타이르고 또 벌을 씌우기도 했다.

"열린교육/ 인재육성의 요람"에서 〈바르게, 참되게, 굳세게〉를 바탕으로 이 나라의 기둥이 될 재목들이 가능성과 미래와 희망을, 또는 꿈을 키우는 산실의 현장을 보았다.

이렇게 어린이집이나 유치원에서 배운 기본생활습관이나 학습, 예절만 제대로 지킨다면 우리 사회는 청소년 비행이나 학습부진이라는 단어는 이 사회에 발 붙일 곳이 없지 않을까 싶었다.

그러나 지금 우리의 일상에서 흔하게 보는, 버스 안에서의 실종된 양보나 또 무질서한 십대들의 언어습관은 무엇이라고 변명할 여지도 없다. 어려서 그렇게 잘 배워 둔 도덕성은 자라면서 왜 어긋나 버린 것일까? 자라는 아이들에게 성인들의 모범이 새삼 아쉬운 현실이 아닌가 싶었다.

아름다운 세상을 위하여

꽃눈이 휘날리는 교실 밖 풍경을 보며 공부하는 내 모습을 당신에게 보여주고 싶습니다. 당신 생전에 그렇게도 외로웠던 장애인의 삶을 좀 더 이해하고 함께 나누며 약자나 장애인의 삶의 질을 높이고자 하는 학문입니다. 이제부터는 가난하고 몸이 불편한 이들을 배려하는 사회가 도래함을 기대해도 될 같습니다. 당신 생전에 꿈꾸던 세상이었지요.

십여 년 전 보리이삭이 파랗던 그 오월에 교통사고로 경추 4번을 크게 다쳐 전신이 마비되었던 당신. 손가락 하나 까딱할 수 없는 모든 동작을 잃은 채 살았던 십 년의 세월은 산 것이 아니라 그저 버텨냈다는 말이 더 맞는 말일 것입니다. 물 한 모금도 누가 먹여주지 안으면 코앞에 두고도 우두커니 바라만 볼 수밖에 없었던 당신이었지요.

그중에서도 가장 안타까웠을 때는 딸의 결혼식날이었습니다. 그 좋은 날, 우리 가족 모두는 끝내 참고 참았던 눈물을 보이고 말았습니다. 여느 예식처럼 아버지가 꽃단장한 딸의 손을 잡고 걷는 모습은 볼 수 없었으니까요.

그 후 귀여운 외손녀를 볼 수 있는 것만으로 흐뭇해하던 당신도 어머니의 뒤를 따라 떠난 지 몇 해가 되었네요. 또 장성한 아들은 아버지 생전에 못다 한 효를 아쉬워하며 아이아빠가 되었습니다. 우리의 살림을 지탱해 주던 나의 가게도 기성복에 밀려 접어야 했답니다.

그리고 당신이 떠난 뒤 사위 덕분에 외국 여행을 하던 중 가는 곳마다 장애인들이 이용하기 편리한 시설들을 보고 그렇게 부러울 수가 없었습니다. "장애인 시설을 보면 국력을 안다."라는 말이 실감났습니다. 또 어린이나 장애인에게 먼저 양보하기 문화는 눈물나도록 감동이었습니다.

당신이 전남대 병원에서 서울병원으로 옮겨 갔을 때 비로소 사회복지사가 무슨 일을 하며, 또 왜 있는 줄을 알았고 거기서 안내를 받았지요. 그때 사회복지사가 우리의 무지함을 일깨워 줄 때, 보험회사의 횡포와 우리의 연약함에 부끄럽고 화가 났던 기억이 너무도 생생합니다.

그러나 세상은 점진적으로 변하고 있으니 그나마 다행입니다.

그리고 그 사회복지상담학을, 더욱이 장애인복지론을 지금 나 자신이 공부하고 있음도 감사하며 과제로 이 글을 씁니다. 교수님들의 강의를 들으며 속으로 울기도 한답니다. 아직도 만족하지 않지만 그래도 국가나 사회가 많이 인식하고 우리 지방에도 이에 관련학과가 개설돼서, 또 내가 직접 공부를 하게 될 정도니 많은 발전이지요.

우리가 병원에 있을 때 중증장애를 입은 많은 젊은이들이 감당하기 어려운 의료비에 온 가족들과 힘들어 하는 것을 보았잖아요. 그런 사회 현실에 영향을 받았던지 우리 딸도 영문과에서 전공을 바꾸어 어려운 공부를 다시해서 발달장애아들을 지도했답니다.

지금은 아이양육 문제로 휴직상태지만 많이 아쉬워합니다. 시설이 우수한 발달장애학교를 입학하기 위해 몇 년을 기다리는 아동들이 많이 있는데 휴직을 해야 했으니, 우리나라 육아정책도 아쉽기만 하답니다.

당신 생전에 거리로 휠체어를 밀고 나서면 너무도 불편했던 도로와 교통사정에, 서울병원을 다니면서 또 그 많은 병원비와 도우미 급여로 우리의 살림을 탕진했던 일들이 주마등처럼 지나갑니다.

여보, 당신이 생전에 말했듯이 기회가 되면 문예창작을 공부하고 싶다 했던 내가, 당신은 가고 없지만 사회복지상담학과로 지원했어요. 우리가 겼었던 그 어려움을 이웃에게 털끝만이라도 이해해주고 싶은 마음이랍니다.

불편했던 공공시설과 거리, 당신 생전에 우리 가족의 몫으로만 모두 감당했던 그 일들, 그래서 두 아이들의 진로도 바꿔야 했던 일. 만감이 교차됩니다.

이제 남은 내 삶이 겨울의 저녁별일지라도 더불어 함께하는 복지사회, 아름다운 세상의 꿈을 꾼답니다.2014년

졸업시험을 마치고

나이도 잊은 채 젊은이들과 어깨를 나란히 하고 새로운 세계를 경험하는 일은 매 순간마다 가슴 설레는 날들이었다. 마지막 시험 시간은 시원하기도 하지만 아쉬움이 더 많았다. 1학년 학기 초에 익숙하지 못한 학술용어에 쩔쩔맸던 기억도, 젊은이들과의 호칭에 어색했던 순간도, 사회복지사 실습이나 어린이집 교사실습을 갔던 때도, 학기마다 국가장학생이 됐던 기쁨도 모두 소중한 추억이었다. 참 꿈같았던 날들이 언제 날아가 버렸다.

공부한다고 여유 없었던 삼 년의 시간을 뒤돌아보며 기대되는 계획들이 있었다. 종강하면 외국에 나가 있는 딸에게 가기로 약속돼 있었다. 전화통화는 자주하는 편이지만 손녀들의 성장했을 모습을 떠올리니 기쁘기만 했었다.

더욱이 편입시험을 앞두고 있어 그 기대는 설렘으로 가득했다.

그런데 졸업시험 며칠 전부터 감기기가 있어 병원에서 약을 지어다 먹으며 학교를 다녔으니 오늘부터는 좀 쉬면 나아지겠지, 하고 편안한 잠자리에 들었다.

그러나 한밤중에 턱이 떨리는 한속이 드는가 하면 금세 열이 나고 땀이 옷을 적시도록 흘렀다. 날이 밝자 곧바로 병원으로 가서 입원치료를 일주일을 넘게 해 봐도 차도가 없었다. 의사는 고개를 갸웃거리며 상급병원으로 안내해 주었다. 여수에서 가까운 순천의 S병원으로 갔다. MRI 검사 외에도 여러 검사를 한 결과 폐암인 것 같다며 화순암센터로 갈 것을 권했다.

나이 들어서 자식들에게 걱정을 끼치는 부모가 되지 않아야 한다는 의지와는 상관없이 일흔의 문턱에서 아이들에게 짐이 되는 게 아닌가, 염려가 앞서는가 하면 아무래도 오진이 아닌가 싶어 믿기질 않았다. 그리고 아들과 의논 끝에 아들이 가까운 서울 Y대 병원으로 갔다. 거기서 조직검사 결과 암이 아니라 기관지 결핵이란다. 암이 아니라 축하한다며 의사는, 치료 열심히 받으면 완치되니 염려 없다고 가볍게 말했다. 그날부터 6개월 예정으로 치료는 시작됐다.

그러나 의사의 가벼운 말과는 판이 다르게 완전히 사경을 헤매야 하는 치료였다. 음식은커녕 맹물도 마시면 구토와 메스꺼움이 온몸을 조여 왔다. 어렸을 적에 결핵을 앓다가 젊을 나이에 죽은 이도 보았고, 오래전 교회에서 결핵보양원에 봉사활동을 갔던 기억도 있지만 이렇게 고통스러운 치료일 줄 미처 몰랐다. 하루하루가 너무도 긴 지옥이었다. 이런 고통 속에서 언제 6개월을 지속할 것인지 암담했다.

졸업하고 나서 편입할 계획이 있었으며 또 그동안 미루어 두었던 글쓰기도 해야 했고 귀여운 손녀들의 재롱이 눈에 선했다. 가슴 설레며 기다렸던 기분은 고무풍선 바람 빠지듯 쭈그러들었다. 게다가 당분간은 해외여행이 불가능할 것이라는 병원 측의 말은 더욱 충격이었다.

지금까지 살아오면서 특별히 건강 체질은 아니지만 병원생활을 해본 적이 없었고 당뇨나 고혈압이 없어 성인병에도 자신이 있었다. 그리고 결핵은 후진국 전염병이라고 알고 있어 상상도 못했다. 그러나 병원에 가보니 많은 사람들이 치료를 받고 있었다. 내가 이런 전염병에 걸렸다니 기가 막혔다. 병원에서 치료 중, 아는 이도 만나 서로가 바라보며 놀랐다. 천만다행으로 치료 2주일부터는 전염성이 없다고 했다. 그러나 약을 복용하면서 계속되는 치료 후유증은 나를 괴롭혀서 도저히 정상적인 생활을 할 수가 없었다. 매달 서울의 병원을 오가며 육 개월째 병원엘 갔을 때 검사결과 예정대로 치료가 다 됐다. 삼 개월 후 또다시 검사하고 완치판정까지 받았다. 그러나 시력이나 말초신경에 이상이 나타나 또 다른 고통이 이어졌다. 작년 연말부터 병원을 들락거리기를 지금까지 하고 있다.

좋은 글 한 편 쓰고 싶고, 책 좀 보고 싶은 게 과욕일까. 부모의 책임과 장남의 도리를 다해야 한다는 일념 하나로 밤낮없이 일하다가 세월 가는 줄 몰랐다.

그러나 이제 시간의 얽매임에서 간신히 풀려난 오늘, 내 앞에는 노을 진 서녘 하늘이 기다리고 있었다. 2015년

종합검진

딸아이의 권유로 대학병원에서 종합건강검진을 받기 위해 수원으로 갔다. 다섯 시간 넘게 기차를 타고 갔지만 귀여운 손녀와 딸을 만날 생각에 지루하지도 않았다. 사위가 손녀를 데리고 마중을 나왔다. 마음 같아선 덥석 안아주고 싶었지만 낯가림이 심하다는 귀띔이 있어 조심스럽게 "외할머니 왔다." 하고 다가섰다. 아니나 다를까 고사리 같은 두 손으로 얼굴을 가리고 "언더 무더어."(연서 무서워) 하고 울었다.

외할머니라지만 거리가 있어 자주 오고가지 못해 이제 겨우 두 번 만나 얼굴을 익힐 기회가 없었으니 어린것이 놀랄 수밖에.

딸이 늦게까지 공부하다 서른 넘어서 결혼을 해 조급한 마음에 내 속을 태웠던 기억이 새롭다. 나와 친가의 기다림을 알아차리기라도 한 듯 보름 먼저 세상 구경을 해서 그 날짜만큼 병원에 있게 되어 우리는 또 한 번 조바심을 내야만 했었다.

그런저런 잔고비를 잘 넘기고 이제는 뭐든지 잘 먹고 하루가 다르게 쑥쑥 자라나 첫돌이 되기 전 걸음마를 하고 요즘은 활동 폭이 더욱 넓어져 기특하기만 하다. 말을 배우느라 한참 더듬거리는 낱말 구성은 귀엽기 그지없다. 생활 속의 모든 것이 호기심뿐이어서 따라다니는 제 어미 하루의 시간이 모자란다. 종이만 보면 연필이나 크레용으로 그림을 그려 어른들을 놀라게 했다. 큰 동그라미 속에 눈·코·입을 그려 넣고 웃고 놀라고 우는 표정 등을 구분해서 그리고는 서툰 발음으로 설명까지 한다. 이제 두 돌인데도 표현력이 대단하다.

화창한 봄 동산에 새싹 같은 앙증스런 손으로 연필을 바르게 잡고 그리는 모습은 정말 예쁘다. 넓고도 넓은 세상이라는 백지에 마음껏 밑그림을 그리고 꿈꾸는 이상의 물감을 칠해 보라며 마음속으로 빌었다.

딸이 사는 아파트 놀이터에서 공놀이하는 아이들의 웃음소리가 싱그럽다. 아파트 옆 잔디밭에 파릇한 애기쑥이 솜털 손을 모아 쥐고 불끈불끈 용을 쓴다. 언 땅 위로 고개를 밀어 올리는 그 생명력이 전해 온다.

나에게도 언제 저런 풋풋한 봄이 있었을까. 위로는 오빠와 두 언니가, 아래로는 두 남동생이 있었다. 유독 남존여비 사상이 짙었던 종갓집에서 층층 조부모님의 사랑 속에서 자랐지만 교육의 혜택만은 남자 형제에게 양보해야 했다. 그러나 인생의 봄은 되돌릴 수 없기에 그 안타까움은 지금도 떨쳐버리지 못한다.

이제 내 의지를 꺾을 만한 것은 아무 것도 없다. 그러나 머리에는 벌써 서리가 내렸고 몸의 여기저기가 서걱거린다. 손에 쥐고 있으면서도 금방 찾기 일쑤고 허리도 자유롭지 못하다. 눈도 침침해서 책을 읽기도 불편하다. 마음은 아직도 봄인데 몸은 벌써 저물어가고 있다. 종합검진 결과로는 별다른 병은 없으면서 성한 곳이 없다. 육십 인생을 살았으니 몸도 부서질 때가 되었으려니 하고 태연해보지만, 겨울의 한기는 온몸을 움츠리게 한다. 누가 인생은 육십부터라고 했던가.

결혼 후에도 남편과 함께 생활전선에서 숨 가쁘게 뛰지 않을 수 없었던 지난 삼십 년, 곁눈질할 틈 없이 달려온 세월이 빛바랜 흑백사진으로 남아있다. 애면글면 보냈던 인생이 어느덧 겨울의 초입에 서 있다. 그나마 힘이 되는 것은 두 남매가 제 몫을 하며 살고 있는 것과 의젓하고 듬직한 사위도 내 든든한 울타리다.

수원에서 일주일을 보내고 집으로 돌아왔다. 목련이 집 위로 커 오른다고 가지를 많이 쳐버렸는데도 남은 가지에서 봄 햇살을 받은 꽃망울이 살을 올리고 있다. 빈집을 지키던 나무 밑에 짓궂은 꽃샘바람이 몰아붙인, 쓰레기를 치우고 마른 잡초도 뽑았다.

나무뿌리에 깻묵을 묻고 흙을 돋우었다.

어디 뽑아야 할 잡초나 치워야 할 쓰레기가 나무 밑뿐일까. 내 마음 자락에 자라난 잡초를 뽑고 쓰레기도 치워야지. 별 좋은 날 객토客土를 하고 눈바람 이겨낸 고목 등걸에 피어나는 매화의 꿈을 꾸고 싶다. 2006년

4부 / 추억

백목련

봄이면 제일 먼저 우리 집 창문을 두드리는 백목련 한 그루가 있다. 친정 부모님께서 가꾸다가 수원 오빠네로 이사하면서 밀감나무 분재와 함께 우리 집으로 이사를 왔다. 많이 자란 나무라 행여 죽지나 않을까 조바심을 냈지만 탈 없이 잘 살아줘서 부모님 보듯 가꾸어 왔다.

해마다 봄이면 우윳빛 꽃망울은 부모님 얼굴로 봄을 속삭이곤 했었다. 휴일이면 하얀 뭉게구름 자락 같은 꽃가지를 배경으로 아이들을 앞세워 사진을 찍으며 황홀한 봄을 맞이했었다. 그렇게 정이 든 백목련이 올해는 두 송이만 달랑 피었다 .

웬일일까?

원인은 삼 년 전 수도공사를 하면서 그렇게 조심하라고 일렀건만 무서운 곡괭이의 날 선 끝이 나무뿌리에 깊은 상처를 낸 것이다. 그때 나뭇잎이 시들시들 죽는가 싶었는데 여름 동안 겨우겨우 살아났다. 그러더니 가을이 채 되기 전에 잎을 다 떨어뜨려 버리고 다른 나무보다 서둘러 겨울을 맞아 참 짠했다.

그래서 다음 해에 꽃을 못 보게 되지나 않을까 부모님 생각을 하면서 속이 상했다. 그러나 감사하게도 다음 해에 예쁜 꽃들이 피어났다. 하지만 꽃봉오리엔 윤기가 전혀 없었다. 또 다음 해에도 여전히 꽃은 많이 피었다. 그렇지만 꽃봉오리의 크기가 아주 작았다. 무지한 나는 꽃봉오리 수가 많아서 크기가 작은 줄만 알고 있었다.

그런데 올해는 새잎을 틔우고 있었지만 꽃은 달랑 두 송이만 그것도 아주 작은 크기로 피었다. 큰 나무에 덩그러니 핀 두 송이의 꽃은 달빛 아래 자식을 기다리는 부모님 모습으로 다가왔다. 혹시 부모님께 무슨 걱정거리라도 있을까. 건강에 이상이 있을까. 불안해지기 시작했다.

주위의 반대를 무릅쓰고, 수십 년을 떨어져 살던 오빠네로 이사를 했던 부모님이 마음에 걸렸다. 떨리는 손으로 전화를 걸었다. 아니나 다를까 어머니는 울먹이는 목소리로 고향으로 가야겠다는 생각을 하고 계셨다. 누구의 잘못이 아니라 그저 오순도순 이웃이 모여 사는 곳으로 가고 싶다는 의견이었다.

아무리 생각해도 내 짧은 식견으로 목련과 부모님을 연결해서 이해하기는 우연이라기보다 너무도 영민하다 싶었다. 지난해 또

저지난해 꽃이 피지 않았다면 이유가 되지만 상처 입은 지 삼 년이 된 올해, 가지는 무성한데 꽃이 피지 않은 것은 이해가 되지 않았다. 가까운 꽃 농장에 알아보기로 했다.

나무의 꽃눈은 삼 년 전부터 준비하여 저장해두고 크기와 향기까지 미리미리 예비한다는 것이다. 사람은 이해할 수없는 체계적이고 계획적인, 나무의 성장과정은 자연의 진리이자 순리임을 알았다. 지난해에 피었던 꽃은 목련 나무가 상처를 입기 전에 저장되었던 것이고 꽃봉오리가 맥이 없었던 것도 그 때문이라는 수수께끼가 풀렸다.

고통 중에도 자기 몫을 다하기 위해 안간힘을 썼을 질기고 당찬 자태에 숙연해질 뿐이다. 그리고 사람이 얼마나 이기적이며 자연에 얼마나 무관심했던가. 꽃을 못 볼 것이라는 생각만 했을 뿐 나무의 고통은 그렇게 크게 염려하지 못했다.

내일 일도 예기치 못하고 시간의 노예가 되어 이 세상에 혼자 바쁜 것처럼 허둥댔던 자신이 부끄러웠다. 몇 년 전을 예비하고 저장하는 나무의 준비성 그 앞에 작아지는 자신을 발견하고 목련 나무를 쳐다보기도 미안했다.

십여 년을 함께하면서도 백목련의 꽃봉오리만 보았지 내면은 읽지 못한 채 꽃을 좋아한다고 했다. 얼마나 봄소식을 알려주고 싶어 잎도 피기 전 꽃부터 보여주는 그 자연의 순리를 알지도 못했다.

미안한 마음에 깻묵을 섞어 만든 부엽토를 퍼서 뿌리 쪽에 넣고 다독여 주었다. 꽃샘바람이라고 하기엔 너무 센 샛바람이 심하게 나무를 흔들어 안타깝다. 어서 여름이 와서 충분한 영양분을 먹고 튼튼해진 가지에 예전과 다름없는 아름다움을 보여 주리라 기대한다.

포근한 봄 햇살 아래 두 송이의 백목련은 북풍이 재우쳐 불던 지난 겨울나기가 힘들었노라고 호소하듯 파르르 떤다. 부모님도 다시 이곳으로 거처를 옮겼다.

비빔밥

허름한 간판 아래 비좁은 문을 밀치고 들어선 식당은 겉보기와는 다르게 이미 빈자리가 없었고 서서 기다리는 손님들도 많았다. 이 집 음식 맛이 얼마나 별나기에 요즘같이 바쁜 생활에 이렇게 기다리고 있을까 싶었다.

한참을 기다린 끝에 우리 일행은 한 자리 차지하게 되었다. 곧이어 앙증맞은 까만 돌솥의 후끈한 열기가 허기진 우리의 손놀림을 바쁘게 했다. 뚝배기 속은 예쁜 그림동화책이다. 하얀색과 노란색이 잘 어울리는 반숙을 수저로 살짝 뒤적이니 고소한 참기름 향이 군침을 고이게 했다.

겨울 찬바람에 단맛이 오른 새파란 시금치나물은 고사리, 도라지나물을 양옆으로 끼고 숙주와 미나리까지 오밀조밀 맛깔스럽다. 비빔밥 속의 나물들은 담아내는 손길에서도 시각적인 맛을 더

하기도 한다. 비빔밥 그릇을 가만히 들여다보고 있노라면 조화로운 공동체를 본다. 서로의 자리다툼도 시기도 없는 그저 제각기 제 맛으로 함께 어우러지기만 하면 또 새로운 맛을 낸다.

추운 겨울인데도 시설재배로 생산한 애호박이나 쑥갓의 맛도 별미다. 한겨울에 봄, 여름의 채소를 맛볼 수 있는 것도 예전에는 미처 상상도 못했던 일이다. 색깔 고운 고추장으로 볶은 살코기와 함께 비비고 있는 동안 군침이 몇 번을 넘어갔는지 모른다. 비빔밥에 곁들인 풋고추 맛과 얼큰한 된장국은 더욱 입맛을 돋웠다.

비빔밥 한 그릇을 거뜬히 비우고 따끈한 옥수수차로 입가심을 했다. 감기몸살로 며칠을 입이 깔끄러웠는데 뱃속이 든든하니 당장은 부러울 것이 없다. 뜨끈하고 매콤한 비빔밥 한 그릇이 이렇게 행복할 줄이야. 사람 사는 것 참 별것 아니구나 하는 생각이 들었다.

비빔밥 중에도 전주콩나물비빔밥, 돌솥비빔밥, 또 깊은 산사의 정갈한 산채비빔밥 등 여러 종류가 있다. 그중에서도 차게 먹는 하얀 비빔밥 또한 별미다. 고슬고슬 식은 제삿밥에 곱게 채친 지단으로 고명을 써서 고추장이 아닌 탕국으로 간을 맞춘 찬 비빔밥에 따끈한 청주 한 잔을 반주로 곁들이면 그 담백한 맛이 일품이었다.

어렸을 적 평소에 꽁보리밥만 먹다가 제삿날 아침 새하얀 쌀밥에 갖가지 나물과 탕국으로 간을 한 하얀 비빔밥에 삶은 계란 한 개의 맛을 잊을 수 없다.

비빔밥 재료 중에 고사리나 도라지는 중국산이 많다. 값은 싸지만 먹을거리는 내 땅에서 자란 것이라야 제맛이 난다. 옛날에는 이른 봄날 아침 농촌의 고샅은 동네 아낙네들의 재잘거림으로 날이 샌다. 가까운 이웃끼리 모여서 고사리, 두릅, 취나물 등을 뜯으러 산에 가자고 서로 아침잠을 깨우는 소리 때문이다. 봄 한 철 뜯어 모은 산나물을 삶아 말려 여름에 잘 갈무리하는 것도 대단한 일거리였다.

또 가을이면 산도라지를 캐러 다녔다. 둥근 대바구니를 들고 뒷산을 오르면 빨갛게 익은 산열매 사이의 보라색 산도라지꽃이 예쁘기만 했다. 처음에는 차마 호미로 뿌리를 캐기가 안쓰러웠지만 이웃끼리 시새워서 한 뿌리라도 더 많이 캐려고 손길은 바쁘기만 했다.

산도라지보다 더덕은 그 향이 멀리까지 은은하게 퍼졌다. 캐온 도라지는 할머니가 껍질을 벗기고 말려서 명절이나 제사 때 쓰고 또 비빔밥 재료로 썼다. 정성이 든 만큼 그 맛도 더했다. 어려서 등 너머로 보았던 할머니와 어머니의 살림솜씨가 오늘을 살아가는 데 보탬이 된다.

요즘은 산나물을 대량으로 재배를 해서 공급을 하니 그 옛날의 맛은 사라져 버렸다. 그런 중에 우리 땅에서 재배한 것은 자연산의 맛과 별 차이가 없다. 다만 기분상의 차이일 뿐이다.

이 집 전문 메뉴는 돌솥비빔밥인데 재료들인 도라지나 고사리 등 여러 가지 나물들을 이른 봄부터 준비해서 우리 땅에서 나는 것만 쓴다고 한다. 어디에 광고를 한 것도 아닌데 입소문이 무섭다.

비빔밥은 우리가 어려서부터 즐겨 먹던 추억의 맛이며 함께 어우러짐으로써 만들어낸 조화의 맛, 또는 어머니의 맛이기도 하다.

설거지를 하고 나서

곁눈으로 시계를 보며 재빠르게 개수대의 수도꼭지를 누르고 반사적으로 세제 펌프에 손이 갔다. 출근이 늦은 다급한 마음은 세제를 필요 이상으로 흘리고 말았다. 그 때문에 헹구는 물을 더 많이 허비했을 뿐만 아니라 시간 또한 더 빼앗기고 말았다. 간신이 버스에 뛰어올라 앉아서 한숨 돌리고 나니 설거지물이 마음에 걸렸다. 문득 결혼 전에 살았던 시골집 기억이 새롭다.

친정동네 뒤로 야트막한 산이 마을을 감싸 안았고 영취산 자락에 저수지가 있어서 맑은 물이 사시사철 마르지 않고 집 앞을 흘렀다. 어릴 적 친정집은 사립문 밀치고 나서면 바로 징검다리 놓여 있는 냇가집이었다.

동네 앞으로는 시냇가 방천 따라 넓은 논들이 펼쳐있어 마을은 대부분 쌀농사를 지었다. 이른 봄이면 겨우내 묵었던 보에는 물이 가득 넘치고 그 물길 따라 못자리에 물이 잡히면 우렁이를 잡으려는 새하얀 황새의 몸짓이 고왔다. 해거름에 파랗게 자란 못자리에서 빨간 두 다리로 '쪼록' 하고 물을 튕기며 날던 그 정음이 지금도 귓가에 들리는 듯하다.

한여름에 집 앞 큰 살구나무 그늘 아래에는 대나무로 만든 평상이 늘 놓여 있었고, 한낮이면 논밭을 오고가는 이들이 쉬는 곳이었으며 빨래터이기도 했다. 수런수런 흐르는 냇물에 동네 아낙네들의 빨래 땟자국도 시집살이 시름도 함께 흘려보냈다. 그때 친구들과 물풀 섶 밑에 살그머니 손을 넣어 송사리 몇 마리를 잡아, 파드닥거리는 놈들을 고무신 벗어서 물을 채워 가둬놓았다. 또 소금쟁이를 잡으러 가면 발에 밟히는 다슬기 무리들은 대그락 대그락 자갈밭 같았다. 따라 나온 동생은 미꾸라지를 잡아서 대나무에 묶어 참게 잡는 미끼로 썼다. 동생이 잡은 참게는 할아버지의 밥상에서 탕 맛이 일품이라는 칭찬을 듣곤 했다. 다슬기나 참게 또는 미꾸라지는 흔하게 많았다. 농약이나 제초제를 쓰지 않았던 시대의 이야기다.

마당에 놓인 평상에서 달밤이면 부채를 휘둘러 누워있는 손자들의 모기를 쫓으시던 할아버지는 "내일은 뉘댁 차렌가 지난번 이장 댁 모내기는 잘 끝났지?" 누가 먼저랄 것도 없이 품앗이 모내기 순서를 예정하는 것이다. 마당에서도 시원하게 들리는 물소리는 온 동네를 협동과 화합의 한마당으로 묶는 화음이었다.

여름을 나던 제비가 하나 둘씩 강남 갈 채비를 서두르면 누래들의 생명줄인 봇물 속에는 영취산 개구리바위가 고즈넉이 누워자고, 수수이삭에 앉았던 참새가 가을바람에 놀아났다. 방천길에서 놀던 개구쟁이들은 종일 하던 물놀이도 싫증이 났는지 유리 같은 봇물 속의 그림자를 향해 돌멩이를 던지기도 했다. 유유히 놀던 붕어가 깜짝 놀라 돌 밑으로 숨어들고 은빛 포말은 원을 그리며 퍼져 나갔다.

또 된바람 몰아치는 겨울철엔 나락을 베 낸 논에 물이 괴어 얼고 한겨울 신나는 썰매장이 되었다. 썰매라야 헌 판자 조각에 굵은 철사나 못을 박아 볼품이 없었지만 그 시절에는 훌륭한 놀이기구였다. 이렇듯 물은 사시사철 아이들의 놀이터이기까지 했으니 곡식과 동심도 함께 키워내고 있었다. 겨울 내내 손발이 오리발이 되도록 신나게 얼음지치기를 했던 아이들도 어느새 시들해지고 얼음 밑으로 흘러내리는 물소리가 소곤소곤 정감으로 들려오면 봄이 오는 신호였다.

지금도 나는 주름진 손마디에서 세월의 무게를 보면서도 길섶가의 물풀 잎이 청초한 이마를 드러내고 기지개 켜던 그 옛 시냇물을 기억하면 가슴이 설렌다. 들밭에서 돌아온 어른들은 땀 젖은 삼베적삼 나뭇가지에 걸어놓고 속살거리는 냇물에서 등물하고 그 옆 샘에서 물 한 바가지 하늘을 담아 퍼서 벌컥벌컥 마셨다. 농사일로 지친 피로를 씻을 수 있었던 것은 맑은 물의 덕분이었다.

계절마다 또 다른 모습을 보여주던 맑은 시냇물이었다. 추수 때 오고가는 등짐에서 떨어진 곡식들의 이삭이 고운 나뭇잎에 실려 떠내려가다가 바윗돌을 만나면 돌아가고 봇물 속에서는 잠시 멈춰 둥둥 떠 쉬어가는 그 가을의 선경을 떠올리면 그리움이 밀려온다. 그 냇물에 무 배추를 씻어 김장을 담갔으며 보리쌀 삶은 물에 머리를 감았고 빨래는 콩대나 참깨 깍지 태운 재를 시루에 바쳐서 썼다. 그리고 설거지는 뜨물이나 밀가루로 했으니 소나 돼지가 먹었다.

그런데 오늘 아침 설거지물을 가축에게 먹일 수 있을까. 상상도 할 수 없다. 샛강을 살리자는 외침에 나는 주범이 아니라고 지나쳤음이 얼굴 화끈거리게 한다.

섬 이야기

비는 많이 내리지 않았지만 바람이 세차게 부는 초등학교 육학년 때 아침이었다. 학교가 멀지 않았고 바람에 우산을 펼 수도 없어서 허리에 책보자기를 동여매고 뛰기로 했다. 뛰어가면서도 섬에 사는 아이들은 학교에 못 올 것이라는 예상을 했다. 후줄근해진 옷자락과 젖은 머리를 매만지며 교실로 들어서니 뜻밖에 준이는 먼저 와 있었다. 말끔히 새 옷으로 길아 입고 자기 책상에 오도카니 앉아 있었다. 준이는 우순도에 살았기 때문에 비바람이 불면 결석을 자주 했다. 돛 달고 노 젓는 배가 유일한 교통수단이었던 그 시절, 궂은날이면 섬에 사는 아이들은 결석을 할 수밖에 없었다.

준이가 사는 우순도에는 고, 강, 양의 삼 성씨의 세 가정이 고기잡이를 생업으로 살고 있었다. 그중에 준이는 양씨 댁 아들이었다. 며칠 전 준이네는 돛단배 외에 통통배를 샀다는 소문이 자자했다. 그래서 웬만한 비바람에도 건너올 수 있다는 것이다.

그날 이후 동네 우물가나 냇가에서는 새로운 화젯거리로 들썩였다. 우순도 양씨네는 고기를 많이 잡아 부자가 되었다는 이야기다. 이야기는 꼬리에 꼬리를 물고 이어졌다. 지난해 고기잡이 그물에 사람의 시체가 걸려서 양지 바른 곳에 잘 묻어 주었더니 그 후부터 그물 가득가득 고기와 금궤가 함께 걸려들었다는 것이다.

그 말이 사실인지 낭설인지 알 수는 없지만 그 후 준이네는 뭍에다 논밭을 많이 사는 부자가 되었다. 아이들도 모두 도시로 나가 중·고등학교는 물론이고 대학에도 다닌다고 했다. 정말로 고기가 많이 잡혀 노다지를 캐기는 캔 모양이었다.

그때 그 섬, 고씨 댁에는 늙으신 아버지와 딸이 함께 고기잡이를 다녔다. 과년한 딸은 검정 바지에 하얀 수건을 머리에 동여매고 뱃전에 발을 굳게 버티고 노 젓는 양이 참 듬직하고 멋있어 보였다. 그 우순도는 굴과 바지락이 풍성했다. 농산물 외에는 현금을 만들 수 없었던 고향에서 그 섬은 보물섬이었다. 해마다 굴과 바지락을 마을 공동작업으로 수확해서 각 가정에 짭짤한 수입을 안겨 주었다.

그러나 슬픈 사연도 있었다. 굴 까는 작업을 하기 위해 사람들을 실어 나르던 작은 배가 뒤집혀 윗마을 삼 모녀가 변을 당해 귀한 목숨을 잃고 말았다. 날씨가 안 좋으면 웬만한 가정에서는 쉬는데 그 가정 삼 모녀는 궂은날인데도 손을 쉴 수가 없었던 모양이었다. 그 가슴 아픈 사연이 있던 후로 고향은 여수시로 통합되기 전 여천산업단지로 바뀌었다. 그 후 나는 결혼을 했고 어쩔 수 없이 친정은 수원에 사는 오빠네로 이사를 하게 되었다.

이제 그때 마을의 보고였던 누룽지섬 또는 송아지섬이라고도 했던 우순도牛脣島 앞바다는 공단으로 연결되는 매립 공사로 묻이 되었다. 지도가 바뀌는 역사의 큰 사건이 되었다. 더 이상 육지와 분리된 섬이 아니다. 힘찬 공업단지로 몸을 바꿔서 국가에 큰 몫을 하고 있다. 이미 전설 속에서 예견된 복된 섬이었다.

우순도 주위에는 크고 작은 섬들이 있다. 적량(누래들)의 수호신이라고 불리는 영취산靈鷲山은 눈 아래 묘도貓島(괘섬)를, 바로 앞의 서치도鼠峙島(쥐섬)는 우순도(누룽지)를 바라보고 있다. 매는 고양이를, 고양이는 쥐를, 쥐는 누룽지를 노리는 형상이라 했다. 이렇게 먹이사슬의 연결고리로 이어지는 형국의 지역에서는 식량이 풍부해서 예부터 사람 살기 좋은 고장이라 전해 내려온다.

예로부터 적량을 누래들이라고 불렀는데, 구전으로 전해오기는 황소가 송아지를 데리고 풀밭에서 누워서 쉬는 지형이며 곡식이 풍부한 곳이라는 설이다. 고향은 참 아름다운 전설을 가진 곳이다.

가끔씩 나는, 옛날 그 고씨네의 처녀 뱃사공 댁에도 고기를 많이 잡아서 그 늙으신 아버지와 행복하게 살았으면 좋겠다는 생각을 했다. 겨울이면 준이네 집 앞에 동백꽃이 곱게 피었고 장독대 가지런한 그 옆으로 고기잡이 그물이 노적가리처럼 쌓여 있었던 어촌의 아름답던 그림도 떠오른다.

힘차게 돌아가는 공장의 기계 소리도 큰 포대들을 싣고 달리는 화물자동차의 위세도 내 마음속의 그리움을 밀어내지 못한다. 우순도는 여전히 옛 고향의 보물섬이다.

시멘트 지붕 위에 조롱박

초봄부터 예쁜 넝쿨손을 내밀어 매달아 놓은 줄을 타고 잘도 기어오르던 박 넝쿨은 한여름 가뭄에 시들시들 풀이 죽어 있다가 소나기의 굵은 빗줄기가 시원하게 지나간 뒤 싱그럽게 춤을 추었다. 푸른 환희 그 자체였다. 단비를 맞은 박 넝쿨은 하루가 다르게 무성해졌고 어느덧 새하얀 박꽃을 피우기 시작했다. 고샅을 오고갈 때마다 눈을 맞추며 잘도 기어 올라간다고 칭찬을 했었다.

그러면서도 한편으로는 불안했다. 그것은 시골 행랑채 지붕이 아닌 도시의 시멘트 지붕이라 박 넝쿨에 실한 박이 열릴 것인가 하는 조바심 때문이었다. 또 은근히 보름달 같은 함박보다는 앙증스런 조롱박이 열리기를 소망했다. 새하얀 박꽃이 한 송이 두 송이 시멘트 지붕을 가득 덮을 때마다 초조한 마음은 더해만 갔다.

그러던 어느 날 놀랍게도 예쁜 조롱박이 그 앙증맞은 모습을 드러냈다. 그것도 수십 개나 주렁주렁 매달려 있었다. 한참을 올려다보고 있노라니 옛날 할머니와 아버지가 박을 따고 켜던 소박하고 정겹던 그림이 내 추억의 숲속에서 고개를 들었다.

두 분이 햇볕 좋은 가을날 행랑채 지붕 위에서 크고 작은 박을 딸 때면 할머니는 아버지에게 특별히 부탁을 했다. 잘생긴 조롱박을 골라 곱게 잘 타야 한다고. 그때 아버지는 박을 가는 실로 절반으로 묶어 연필로 정성스럽게 그리고 실톱으로 박을 켰다. 박이 너무 작기 때문에 타는 데 여간 조심스러운 것이 아니었다. 곁에서 지켜보시던 할머니는 박이 켜지기가 무섭게 얼른 엎어놓고 "아, 단단하다 소가 밟아도 안 깨지겠다." 하고는 다시 일으켜서 씨는 빼서 말리고 바가지는 가마솥에 차곡차곡 크기에 따라 삶아냈다. 다 삶아진 박 속은 수저로 파내서 된장을 약간 풀고 식초 양념을 해서 먹으면 그렇게 맛이 담백할 수가 없었다.

속을 파낸 바가지 안팎을 낡은 놋수저로 잘 긁고 다듬어서 햇볕에 말리면 빛깔이 백일을 맞은 아가 살갗처럼 보얗고 매끈했다. 고소하고 향긋한 향기도 좋기만 했다. 그중에도 조롱바가지는 귀한 대접을 받았다. 튼튼하고 예쁜 것을 골라 제짝을 맞추어 한 쌍씩 실에 꿰어 곡간 벽에 잘 걸어 두었다가 언니 시집가는 가마 뒤에 달랑달랑 달아주었고 이웃집 큰애기(혼기가 찬 처녀) 시집갈 때 선물로 주기도 했다.

가장 작고 고운 것을 골라 청색 홍색 실에 꿰어 초례청에서 합환주 잔으로 썼다. 귀염둥이 조롱바가지 한 쌍이 초례상에 세워둔 무지개 밑으로 청실홍실을 길게 달고는 놋주전자에 담긴 청주를 찰찰하게 따라서 신랑신부가 바꿔가며 마시게 했다. 나는 주렁주렁 열린 조롱박을 올려다보면서 혼례식 때의 그 떨리고 가슴 두근거리며 마시는 척했던 합환주례를 상상하며 그리움을 달랬다.

또 목화를 따던 손을 잠시 쉬고 돌담 밑 옹달샘에 물을 마시러 갔다가 또 하나의 작은 하늘과 뭉게구름을 넋을 놓고 들여다봤다. 비췻빛 하늘이 담긴 돌샘에 띄워진 조롱바가지와 하늘엔 양떼구름 사이로 빙그레 웃음 짓던 낮달 그 선경은 지금도 파란 하늘처럼 내 영혼을 맑게 찰랑인다. 또 소 몰던 아이들이 부는 풀피리 소리도 함께 한 폭의 동양화로 걸려 있다. 오뉴월 가뭄에도 마르지 않았던 옹달샘 물도, 하늘도, 그리고 바가지도 모두 아름다운 것의 극치였다.

이렇게 조롱바가지는 쓰임새에 따라 이름이 붙여진다. 간장독에서는 간장바가지, 품앗이로. 논맬 때 새참 술통에 띄워지면 술바가지, 물통에서는 물바가지가 된다. 돌샘에 띄워져 오고가는 이들의 목을 축일 때나 오래 담겨있어도 해롭지 않는 그야말로 천연산 그릇이었다. 놓인 곳이나 때에 따라 그 쓰임새는 다양하며 보잘것없는 것 같으면서도 꼭 필요한 소중한 물건이었다.

그러나 그 조롱바가지가 요즈음은 플라스틱 바가지에 밀려서 민속촌에 가지 않으면 구경조차 할 수 없게 되었다. 그리고 가슴 두근거리며 건네던 합환주 잔으로 금배례를 올리는 전통혼례식도 보기 힘들어졌다. 몇 년 안 가서 있을 내 아이들의 혼례 때에는 마당에 하얀 차일을 치고 조롱바가지로 금배례도 하는 그런 예식을 해봤으면 하는 바람도 있지만 꿈같은 이야기일 것이다.

그래서 시멘트 지붕 위에 세워 놓은 장대와 줄을 타고 주렁주렁 매달린 조롱박은 나에게 더욱 진한 향수를 안겨다 주었다.

제발 한여름 태풍이 비켜가서 줄이 늘어지도록 열린 조롱박이 다치지 않고 잘 여물어서 정갈하게 삶아 널려있는 꿈속 같은 그림을 보고 싶다.

어머니와 이불

이불 홑청을 빨아야겠다는 생각으로 이불장 문을 열고 맨 아래 칸에 자리한 양단 이불 속에 손을 넣어 보았다. 문득 삼십여 년 전 목화를 심고 솜을 틀어서 물레를 돌려 실을 뽑아 베 짜고 이불을 꿰매시던 어머니의 부산하던 모습이 아련하다.

마당가에 작약 꽃망울이 쏘옥 올라오는 음력 사월이면 할아버지는 장죽을 툭툭 터시며, "이 달 보름이 길일이니라." 하시며 넌지시 목화씨 심는 날을 택일해 주신다. 어머니는 그 달 보름날 잡곡이 섞인 찰밥을 지었다. 할머니와 언니는 목화씨에 물을 뿌리고 콩깍지를 태운 재에 비벼서 함지박에 담아 이고 종달새 노래하는 보리밭을 향하였다.

어머니는 맨 먼저 찰밥을 퍼서 땅에 묻으며 "올해는 아버님 도포도 새로 해야 하고 딸 혼수도 장만해야 하는디…." 간절한 기도 같은 염원을 말씀하신다. 어머니와 언니는 치마폭을 걷어올려 양쪽에 작은 돌멩이를 말아 끼우고 준비해온 목화씨를 불룩하게 담고는 파랗게 패어 오른 보리밭 이랑 사이사이로 따라가며 심었다. 그 때 보리 향기는 구수했고 게다가 청보리 이삭들이 영글기를 기다리며, 가는 바람결에도 서로의 몸을 수줍게 부비며 아스스 속삭였다.

보리 이랑 한 골씩 띄우고 심겨진 목화씨는 보리가 완전히 익어서 벨 때면 신기하게도 하얀 털 고깔을 쓰고 예쁜 떡잎이 나온다. 여름 내내 어머니의 발걸음 소리를 들으며 쑥쑥 자란 목화는 소쩍새 울고 강남제비 길 떠날 채비를 할 무렵이면 탐스런 목화송이를 피워낸다. 넓은 밭에 하얗게 눈꽃송이로 피어나는 것이다. 하늘 아래 목화밭을 시샘이라도 하듯 저 멀리 동쪽 하늘 피어오르는 뭉게구름은 서쪽 하늘까지 온통 덮었다.

어머니와 언니는 밭 가운데 큰 보따리를 펴고 새 바구니에 숭어리(가장 좋은 송이)를 따 담으신다. "뒤 터에다 목화 심어 송이송이 따낼 때에 좋은 송이 따로 모아 부모 의복 장만하고 서리 맞은 만화 따다 우리 의복 장만하세." 흥얼거리는 가락도 듣기가 좋았다. 목화밭 옆 싸락눈 같은 하얀 꽃이 숲을 이루는 메밀밭에는 고추잠자리 주살나게 날고 방아깨비 · 버마재비 온갖 풀벌레들의 노래는 가을의 한복판에 녹아들었다. 목화송이를 피우던 햇살은 어느새 해거름 긴 그림자를 드리우고 새 바구니를 인 어머니와 보따리를 인 언니도 황소와 함께 집으로 돌아오는 아버지도 그날의 발걸음은 가볍기만 했다.

다음 날 넓은 마당에 멍석을 깔고 티끌과 마늘쪽(잘못 핀 목화쪽)을 골라내는 일은 목화송이같이 머리카락이 새하얀 증조할머니 몫이다. 그리고 방앗간 옆 솜틀집에서 이고 오는 어머니의 보따리는 구름을 이고 오는 듯했다. 튼 솜 중에 옷을 지을 솜은 할머니께서 밤이 이울도록 수수깡으로 고추를 말아 물레를 돌려 베를 짤 실을 뽑았고 이불솜은 장을 잘 지어두었다.

농사일이 좀 뜸해지면 또 길일을 택해 언니가 짜 놓은 열새 무명베로 이불 홑청을 하고 솜도 싸서 다홍색 깃이 달린 초록 양단 이불을 꿰매신다. 언니의 신혼 이불이었다.

다 된 이불은 무지개 빛깔보다 곱게 쌓였다. 어머니는 새 이불보에 차곡차곡 싸서 두고서도 모두들 잠이 든 늦은 밤에 손으로 몇 번이고 이불을 쓰다듬으시며 남몰래 눈시울을 적시셨다. 아마도 딸이 한 여자로서의 길 떠나는 시작이 대견하기도 하고 또 시집가서 잘 살라는 어머니의 애틋한 소망을 이불 보따리 속에 같이 싸고 계셨을 것이다.

곧 딸을 시집보내야하는 나도 이불 집에 들러 값을 알아보기로 했다. 곱디고운 이불을 만져보니 어머니의 정이 새록새록 피어올랐다. 어머니와 할머니가 목화 심고 김매고 가꾸어서 목화송이를 따면서부터 좋은 송이를 골라 담던 그 깊은 정을 돈만 지불하면 배달 해주는 이불에 비길 수 있었을까. 그러나 어머니의 수고와 정을 생전에 다 알지 못했다. 파란 잔디 이불 앞에 카네이션 꽃을 놓고서야 가슴에 꽃을 직접 달아드리던 세월이 길지 않았음을 알았다.

추위 속에서 겨울밤은 깊어가도 이불 꿰매는 손은 바쁘기만 했던 어머니의 훈김이 나를 포근히 안아 준다. 층층시하 종갓집 외며느리로 육 남매를 두셔서 다복하다고 주위의 부러움을 샀지만 많은 제사며 아들딸 혼인 때는 늘 혼자서 종종걸음을 치시다 핼쑥해진 눈으로 밤을 꼬박 새우기가 일쑤였던 어머니셨다. 또 음식이며 바느질 솜씨가 하도 매워 이웃집 애경사 때도 자주 수고를 아끼지 않았고 주고는 편해도 받고는 조증이 나서 못 견뎌 하시던 어머니.

그 어머니의 따스함이 듬뿍 담긴 솜이불이 가벼운 화학 섬유와 난방이 잘된 주거 환경으로 장 맨 아랫간으로 밀려났다.

이불을 펴서 푹신 누워 보니 어머니 냄새가 가슴으로 파고든다.

빨랫줄에 펄럭이는 홑청 위로 푸른 하늘 흰 구름이 내려와 앉는다.

1996년 도서출판 〈삶과 꿈〉 좋은 글, 이달의 우수작, 10월의 당선작

잃어버린 누레들

오랜만에 고향 들녘을 영취산 정상에서 내려다보게 되었다. 어디가 어딘지 분간할 수 없이 변해버렸다. 다만 시커먼 체구의 원유 수송 열차는 거대한 괴물처럼 꿈틀거리고 있다. 옛 우리 동네 논밭의 젖줄이었던 적량 저수지 물은 공업용수로 쓰이는지 풍광이 아름다웠던 주변이 철조망으로 둘러쳐 있어 보기에도 딱했다.

현재 여천산업단지인 그곳은 옛날에는 모두가 논이어서 우리 논도 거기 있었다. 모내기를 할 때는 서로 품앗이를 했고 그때 오빠와 당숙은 못줄잡이로 인기가 좋았다. 같은 들에서 상적, 하적, 군장 세 마을 모꾼들이 경쟁이라도 하듯 "에헤야 뒤야 상사뒤야~." 논배미마다 흥겨운 가락은 벌써부터 온 들판이 풍년으로 들썩였다.

못줄은 한 뼘 정도 간격으로 빨간 꽃을 매달고 바쁘게 넘어가

손이 보이지 않을 정도로 '쪼록쪼록' 물을 튕기며 모 포기는 심어졌다. 특히 두 언니의 손놀림은 누구도 따를 수가 없었다. 온 동네가 잔칫날 같은 분위기 속에서 논배미마다 파랗게 번져가 평화로운 고향이었다.

모내는 날 새참으로 오곡밥과 감자를 듬성듬성 썰어 넣고 수제비를 떼어 넣은 미역국이 일품이었다. 모두들 무논에서의 작업이라 흙탕물 범벅이지만 둠벙(연못)에서 대강 손만 씻고 논두렁에 걸터앉아 먹던 그 밥맛은 꿀맛이었다. 그 자리에서는 누구든지 지나면 스스럼없이 함께 식사를 했다. 집 가까운 논에서 심을 때는 집에서 점심을 먹었다. 그날은 우리 집 살구나무가 수난을 당하기도 했다.

지금까지 누래들이 옛 모습으로 있다고 해도 모 내고 나락 베고 탈곡하는 것까지 모두 기계의 힘을 빌리게 되어 동원되는 사람들도 많지 않을 성싶다.

모심기가 끝난 여름이면 참외서리 가을이면 감서리 겨울밤이면 대나무를 뒤흔들어 잠자던 까마귀가 땅바닥에 떨어져 퍼덕이는 것을 손전등을 들이대어 잡았다. 까마귀를 못 잡는 날은 어느 집 닭장을 더듬어 오기도 했다. 나는 어려서 그 축에 끼어들지는 못했지만 그때 오빠나 당숙 언니들의 짓궂은 놀이가 어찌 그리 재미있고 부러웠던지 모른다. 요즘 아이들이 그런 장난을 하며 모여 놀았다면 당장에 좀도둑으로 몰려 붙들러 갔을 것이다. 정이 넘치고 소박했던 그때가 그립기만 하다.

영취산에서 내려다보니 해상 운송을 위한 어마어마하게 큰 컨테이너가 바쁘게 움직이고 넓게 뚫린 공단 도로에는 무섭도록 큰 화물차가 굵은 포대를 가득 싫고 바람을 일으키며 달리고 있다. 이 남해화학이 위치한 삼일면 낙포리, 먼 옛날 '고려 정승 공은孔隱이 남쪽 바닷가 마을에 유배되었다가 그 정승이 임종을 맞게 되자 백기러기 세 마리가 삼일을 울다 떨어졌다 하여(삼일면 낙포리) 삼일포三日浦(현 삼일동) 낙포리落浦里라 했던 곳이다.

그리고 엘지정유 심장부가 되어버린 누래들은 푸른 초원에 황소가 송아지를 데리고 누워있는 형상이라 전해 왔다. 그곳 지형대로 붙여진 이름이며 기름진 땅이었다. 바로 군장 앞에 송아지 형상이라던 우순도牛脣島는 이제 군장에서 걸어가는 섬 아닌 육지가 되었다. 공장들이 들어서서 지도가 바뀌고 말았다.

구전으로는 이 고장에 이충무공이 수군절도사 재임 시에 전략적으로 지형지물을 이용하여 군량미 창고를 지어 위 창고는 상적上積, 아래 창고는 하적下積, 그리고 그 아랫마을은 군사를 매복시켰다 하여 군장軍藏이라 하였단다. 그래서 누래마을은 적량리積粮里 상적과 하적 군장 이렇게 새 이름을 가지게 되었다. 또 누래재 너머 달안이 월내月內마을은 앞산과 바다의 갯벌 지형이 달 속 같다 하여 지어진 지명이었다. 그 개펄을 막아서 하얀 천일염을 퍼올렸던 염전이, 이제는 메탄올 공장과 한국전력이 들어서서 기계

소리와 뿌연 연기만을 뿜을 뿐 그 옛 자취는 흔적도 없다.

내가 다녔던 월내초등학교는 폐교된 채 쓸쓸히 비어 있었다. 공단 지역 주민들이 모두 이주를 했기 때문이다. 크기만 했던 그 때 그 학교가 왜 그리 작고 초라해 보이는지 텅 빈 건물을 바라보는 내 마음은 울컥했다.

돌아오는 길은 공업도로로 넓혀진 저수지 둑, 누래들 황소 형상 중 목덜미라고 할 수 있는, 그 둑을 달리는 차창 밖으로 바라보니 알 수 없는 비애가 솟았다. 황소가 푸른 초장에서 한가로이 송아지를 데리고 쉬었던 형상의 누래들녘, 이토록 아름답고 정든 고장이 우리의 기억 속에서 점점 사라져 갈 것을 생각하니 안타깝기만 하다.

친정집 장맛

감나무에 몇 잎 매달린 이파리들이 파르르 떨고 있는 초겨울 첫눈이 오면 친정집 메주콩 삶는 구수한 냄새가 번져 온다.

맑게 갠 가을날, 아저씨가 넓은 마당에서 콩타작을 할 때는 휙휙 바람을 가르는 도리깨질 소리가 신이 났다. 수북이 쌓아 올린 콩 무더기, 뽀얗고 작은 구슬 같은 콩 알갱이에 그 까만 콩 눈은 여름날 개울가에 송사리 무리의 눈처럼 생동감이 넘쳤다.

머리카락이 하얀 모시올 같은 증조할머니는 마당가에 흩어져 있는 낱알까지 주우시며 풍성한 수확을 기뻐하셨고 콩을 가마니에 담던 할머니도 손녀딸 혼례 치르자면 간장도 많이 담아야 한다며 함박웃음을 지으셨다. 고부간에 도란도란 주고받는 말씀에서 벌써 구수한 장맛까지 우러나게 했다.

가을 보리갈이가 끝나면 광 옆에 쌓아 두었던 장작은 활활 불

꽃을 피우며 무쇠솥 가득 메주콩을 끓였다. 이때 무쇠솥에는 빈 시루가 하얀 허리띠를 두르고 그 위에 솥뚜껑이 덮였다. 콩이 끓어 넘치는 것을 막기 위한 지혜가 지금 생각해도 대단하다. 잘 삶아진 콩은 소쿠리에 담아서 물기를 빼고 어머니와 언니가 절구통에 찧으면 두 분 할머니께서는 멍석을 깔고 토닥토닥 메주를 만들었다. 이때 새 며느리가 있는 댁에서는 메주를 예쁘게 만들어야 예쁜 딸을 낳는다고 놀리기도 했다.

한편 할아버지는 뜨끈한 온돌방에 갈퀴로 잘 추려 낸 깨끗한 새 볏짚을 미리 깔아놓는다. 때마침 퇴근한 아버지도 콩 삶는 냄새가 구수하다며 웃옷을 갈아입기 바쁘게 메주를 날라 놓는다. 메주가 마르기까지 나는 할머니 성화에 조바심을 냈다. 혹시 메주를 다치기라도 할까 하는 염려 때문이었다. 며칠을 이쪽저쪽 뒤집어 가며 말려진 메주는 새끼줄로 천장에 줄줄이 매달았다. 마치 한약방 천정에 매달린 약봉지처럼.

방에 들어가면 쾨쾨한 냄새가 나기 시작했고 시간이 지날수록 버들강아지 같은 솜털이 났다. 그러면 장독대 빈 독으로 옮겼다가 정월 대보름 때쯤이면 다시 햇볕을 쐬러 평상 위에 놓이게 된다.

정월 그믐이 다 가기 전, 할아버지는 "말날이면서 날씨가 청명해야 할 텐데." 하시며 흘러내릴 듯이 쓴 돋보기 아래로 역서 책을 폈다. 말 피 같은 붉고 맑은 간장을 염원하는 소망 때문이다.

할아버지가 일러준 그날 마당 가득 햇살이 쌓이는 샘가에 이른 아침부터 장물 푸는 어머니의 손길이 부산했다. 새하얀 소금을 시루에 넣어 물을 부어가며 뒤적이거나 저었다. 다 녹은 소금물은 그대로 덮어 펄을 가라앉혔다가 씻어 말린 메주를 장독에 먼저 넣고 찹쌀죽도 끓여 부었다.

대나무를 휘어서 메주가 떠오르지 못하게 독 언저리까지 얽어 놓고 참숯덩이와 마른 고추를 띄웠다. 또 곱게 부순 메주에는 소금물을 부어 걸쭉하게 막된장을 만들었고 엿기름물을 달여서 찹쌀고추장도 담았다. 이렇게 하여 장독마다 모기장을 씌워 덮으면 장 담그기가 끝난다. 그 다음 날부터 장독 뚜껑을 날씨 따라 열었다 닫았다 하는 증조할머니의 일감이 늘어났다.

어느덧 겨울을 난 남새밭 장다리꽃이 한창일 때쯤이면 간장을 뜬다. 이때 기다란 대바구니(용수)를 장독 속에 넣고 잘 숙성되어 붉고 맑은 간장을 퍼냈다. 어머니와 할머니가 가득가득 채워진 장독을 행주로 닦으면서 행복해하던 그 모습을 지금도 잊을 수가 없다.

이렇게 친정집 간장을 담고 뜨는 일은 큰 행사였다. 증조할머니 할아버지 할머니 그리고 아버지까지 정성을 다했고 거기에 더해진 어머니의 타고난 손맛은 으뜸이었다. 내갓집 (우리 집 택호) 장맛은 알아주어야 한다고 품앗이 끝낸 다음 날 우물가에 아주머니들의 수다는 대단했다. 이러한 친정집 장맛을 잊지 못하는 나에게 가까이 사는 언니가 꼭 챙겨서 메주를 쑤어주고, 그래도 미덥지 못해서 여러 가지를 일러준다. 친정어머니 손맛을 전수 받기라도 한 듯 언니의 장맛도 유별났다.

나도 이제 며느리를 맞았고 딸도 시집을 보냈다. 시어머님과 친정어머니의 솜씨를 총동원해서 흉내를 내보지만 대대로 물려받은 터전에서 가꾼 콩으로, 게다가 솟아나는 샘물로 삼대의 고부가 우려낸 진한 그 손맛을 감히 어떻게 넘볼 수 있을까. 그리고 메주 쑬 장작을 한 해 전부터 준비해 두고 좋은 날 잡아서 이틀씩이나 메주를 쑤고 장을 담았으니 그 듬뿍한 정성이 오죽하였으랴.

할아버지 일기책

어릴 적 고향집에 석류가 하얀 치아를 드러내고, 맞은편 세쌍둥이 알밤과 정겨운 인사를 할 때가 그리워, 아쉬움과 회한의 눈물을 짓곤 합니다. 친정 할아버지는 한평생 일기를 쓰셨습니다. 종이가 흔하지 못했던 그 시절, 우리 형제들이 다 쓰고 난 백노지 공책에 붓으로 일기를 썼습니다. 그때마다 먹을 갈아 그 칭찬으로 재미있는 이솝우화나 옛 성현들의 이야기를 들을 수 있었습니다. 추억의 저편에서 물안개처럼 피어오르는 그 말씀들은 세월의 무게와 함께 내 삶에 자양분이 되고 있습니다.

새하얀 목화가 마당 가득 널린 가을날, 할아버지께서는 "하늘에서 뭉게구름이 우리 마당에 내려왔구나." 또 겨울밤 초롱불 켜놓고 베 짜는 언니의 손놀림이 한지로 바른 문살 그림자 위에 놀아날 때면, "때마침 기러기 소리와 베 짜는 소리가 참 잘 어우러지는구나. 또한 달빛도 한몫 더한다. 옛 시인은 달이 셋"이라고 했단다. 하셨습니다.

또 이른 아침 샛노란 은행잎이 넓은 마당에 밤새 고운 이불을 수북하게 펼쳐놓았을 때면 할아버지께서는 "야! 좋다. 일어나 이것 좀 봐라." 하시며 한사코 아침잠을 깨웠습니다. 그리곤 뒤란이나 골목의 낙엽을 쓸어 모은 것은 불로 태우면서 "낙엽은 떨어져 스스로 썩어 밑거름이 되기도 하거니와 제 몸을 태워 후각의 기쁨도 준단다. 네가 어른이 될 때쯤이면, 마당이 넓어 쓸기가 귀찮은 지금의 우리 집이 그리울 것"이라 하셨습니다.

그때 왕대밭이 넓었던 우리 집에 오동나무를 심었다는 이야기도 재밌게 들었습니다. 철 따라 익는 여러 과일 나무와 꽃이 피어 있지 않을 때가 없었던, 우리 집은 밖에 나가셨다 돌아오실 때마다 할아버지 손에 꽃씨나 나무뿌리가 있었던 덕분입니다. 달리아, 칸나, 백일홍, 맨드라미, 접시꽃, 장미, 과꽃 등등 그 수많은 꽃 중에서도 가을국화를 가장 좋아했으며 "오상고절에 너 홀로 피었나니", 읊조리시다 어김없이 일기책을 펴던 그 모습은 지금도 눈에 선합니다.

꽃밭을 사이에 두고 우물이 있었고 행랑채와 위채를 가로지른 측백나무가 빽빽하게 한 줄로 서 있었던 그림 같은 우리 집이었습니다. 그 측백나무에는 산비둘기가 보금자리를 틀어 새끼를 치고 행랑채에는 방 한 칸이 언제나 비어있어서 지나는 길손이면 누구든지 며칠씩이라도 묵고 갈 수 있었습니다.

유년 시절의 기억에 그때의 손님들은 지필묵을 팔러 다니거나 갓망건을 팔거나 고치거나 또는 솔장수나 남사당패들도 있었습니다. 또 어떤 때는 할아버지하고 뜻이 통하는 과객이 쉬어 갈 때면 지기를 만난 듯 기뻐하시며 한시를 써서 바꾸어 읊으시며, 더 오래 묵으시던 손님 중 스님도 있었습니다. 언제나 베풀기를 좋아하시는 할아버지의 성품 덕에 가사는 넉넉하지 못했지만 가족 누구도 아무 불평이 없었습니다.

이렇듯 농사를 지으면서도 책읽기와 붓글 쓰시기를 좋아하셨던 할아버지. 언제나 우리 집터는 좌청룡 우백호라고 자부심이 대단했던 할아버지는 내가 결혼한 다음해 먼 나라로 떠났습니다. 그 해 가을, 이 고장에 화학 산업의 정유공장이 들어서게 되었습니다. 순진하기만 한 주민들은 빈약한 토지 보상금에도 반항 한번 못하고 조상 대대로 물려받아 살던 땅을 두고 떠나야 했습니다. 땅도 할아버지도 뒷산에 둔 채 1969년 1차로 보따리를 싸게 되었습니다.

백 살도 넘는 모과나무는 중장비가 와서 굉음과 함께 뽑혀 정유공장 영빈관 앞으로 옮겨가고, 측백나무에 새끼 치던 비둘기는 혼비백산 날아갔습니다. 할아버지가 봄마다 굵게 써 붙이신 입춘대길立春大吉도 밤나무, 감나무, 석류, 무화과, 그 아름답던 꽃밭이 모두 기계톱 앞에 사정없이 뭉그러졌습니다. 산업개발이라는 이름으로 밀어붙이는 정책의 명령에 이삿짐 한 번 싸 본 적이 없는 아버지와 어머니는 손때 묻은 살림살이에 정이 들어 쉽게 버리지 못했을 것입니다.

두 대의 트럭에 실려서 수원에 사는 오빠네로 이사를 갔습니다. 사십여 년 전 육군 장교였던 오빠는 아파트 입구에서 짐을 모두 내리고 눈물이 범벅이 된 아버지와 어머니를 달랠 겨를도 없이 입을 옷가지와 몇몇 필수품만 챙기고 모두 쓰레기로 버렸다 합니다. 시골에서 온 가재도구들을 도시의 좁은 아파트에서 어찌할 수가 없었을 것입니다.

그렇게 소중하게 챙기시던 할아버지 일기책, 돌아가실 때까지 쓰셨던 할아버지 일기책은 우리 집 기록일 뿐만 아니라 우리 고장의 역사책이었습니다. 그 역사책이 쓰레기더미와 함께 불 속에 내동댕이쳐졌던 것입니다.

천릿길을 달려가 어둔 밤중에 행해진 일이라 두서가 없었다고 하지만 통탄하고 부끄러운 자손일 수밖에 없습니다. 지금처럼 종이가 흔한 세상에 잘 꾸며진 일기책이었더라면, 또 그처럼 강제성을 띤 정책적인 이주령이 아니었더라면 친정 할아버지 유품으로 보관되었을 것입니다. 그 일기의 내용 중 가장 소중한 것은 적량 저수지 축조에 대한 기록입니다.

천수답 농사를 짓던 우리 고장에 저수지는 시급한 일이었습니다. 당시 행정구역으로는 여수군 삼일면 적량이었습니다. 면장 재임 중이던 할아버지는 사재를 들여가며 수많은 경쟁을 물리치고 혼신을 다해 저수지 축조 청사진을 획득할 수 있었습니다. 할아버지는 그 기쁜 소식을 가지고 단숨에 마을로 달려와 빨리 주민들에게 알리고 싶었답니다. 그런데 먼저 소문을 들은 저수지에 매몰될 땅 주인들이 모여서 몽둥이를 준비하고 마을 어귀를 지키고 있었던 것입니다.

몇 번의 아귀다툼이 있었지만, 그래도 뜻있는 분들의 설득으로 탈도 말도 많은 저수지 축조공사는 어김없이 진행되어 저수지가 완공되어 물이 가득 담기는 날 그 감격은 필설로 다 표현할 수 없었다는 사연이 그 일기장에 기록되어 있었습니다. 그 후 하늘만 쳐다보며 벼농사를 짓던 적량 들판은 가을마다 황금물결이 넘실대는 풍년을 맞을 수 있었다고 합니다.

내가 태어나기 전 일이었던 그 사건의 사연은 세월이 갈수록 할아버지 음성으로 생생하게 살아있습니다. 그 귀중한 기록이 실려 있었던 할아버지 일기책을 불태우고도 또 오십 년 가까운 세월은 흘러 국가공업단지로 눈부신 발전과 함께 고향은 흔적도 없습니다. 할아버지 혼이 담긴 그 저수지는 역사의 깊은 사연일랑 가두어 둔 채 유유히 현재 국가경제에 큰 몫을 다하는 여천공단의 공업용수로 귀하게 쓰이고 있습니다.

정월 초하루부터 집안의 대소사나 마을의 크고 작은, 또 한 해의 농사 일정 중 목화씨를 심는 날, 목화 싹이 났던 날, 볍씨를 뿌린 날, 백합 향기가 집안 가득 뿜을 때도 일기를 쓰셨습니다. 게다가 못자리에 우렁이를 잡는 황새가 앉았다가 날아가면서 물을 흐리지 않았다는 서정적인 내용들까지 진한 묵향으로 쓰셨습니다.

또 한여름 소나기나 큰바람은 매년 비슷한 날짜에 반복되는 기후임을 기록하여 농작물 관리에 이용하는 내용이며 모내기 끝낸 황소가 어미가 되었다는 등등 할아버지 일기책은 언제나 풍성했습니다. 할아버지 일기책은 개인의 역사가 아닌 우리 고장의 역사책이였으며 농업일지였습니다.

고향이 헐리고 오십 년이 가까운 오늘에 이르러 그 저수지 축조의 유래를 아는 사람은 거의 없을 것입니다. 오늘, 어렸을 때의 그 손녀가 이토록 가슴 아프게 안타까워하는 것을 하늘나라 할아버지께서 아신다면 크게 나무랄 것입니다. 그 시대 저수지 축조는 누군가 꼭 해야 할 시대적 소명에 할아버지가 그 자리에 있었을 뿐이라고, 전시할 것도 없는 그 일기책을 네 마음속에 간직하면 소멸될 일도 없고 잘되었구나, 하시며 춘정春井이란 그 호처럼 맑게 웃으실 것입니다.

5부 / 가족

김치 맛

냉장고 속 김치 통이 바닥이 보인다 싶더니 언니는 때 맞춰 또 김치를 담가 왔다. 아들딸 그리고 가게를 하는 나를 위해 일 년 내내 계절 따라 담가 나른다. 요즘 같은 복더위에 앉아서 받아먹기가 민망하다. 이 세상 어떤 김치 맛도 우리 언니가 담은 김치 맛을 당할 수 없지 싶다. 언니는 나하고 삼 년 터울인데도 마음 씀씀이나 행동은 늘 자상한 친정엄마 같았다.

언니는 형부의 부임지를 따라 섬 지방을 다닐 때도 학교 근처에 묵어있는 텃밭을 일구어 쑥갓이나 상추·아욱 등을 심어서 이웃들과 나누기를 즐겨했으며, 누렇게 잘 익은 호박을 먼 뱃길로 가져다주기도 했다. 이렇듯 부지런한 성품인 언니는 무엇이든 생산적인 곳에 시간을 아끼지 않는다.

그리고 애주가인 형부를 위해 먹기 좋은 안줏감을 장만해 기꺼이 술상을 자주 차리는 일도 마다하지 않는다. 영락없는 부창부수夫唱婦隨다.

오늘따라 먼 추억 속에 언니가 떠오른다. 큰 키에 가는 허리,눈썰미가 좋아 음식 솜씨도 좋고 길쌈도 잘해 베도 잘 짰다. 여름이면 집 앞을 흐르는 냇가의 마당 해묵은 살구나무 아래에 베틀을 내놓고 버들 같은 허리에 부티를 매고 삼단 같은 머리를 땋아 내리고 베를 잘도 짜서 주위의 부러움을 샀다. 언니의 날랜 손놀림을 따라 수백 올올이 퉁기는 현란한 음률은 속삭이는 시냇물 소리와 어울려 그 여름을 식혀주었다.

지금도 귓전에 맴도는 살구나무에 매미들의 합창과 베 짜는 바디질 소리가 잘 어울리던 그 여름이 그립기만 하다. 집 앞을 지나는 이들은 "저 매운 솜씨 고운 몸매." 하시며 모두들 넋을 놓고 칭찬을 아끼지 않았다. 아침에 베틀에 앉으면 저녁때 한 필씩 끊었으니 감탄할 만도 한 일이었다.

베를 짜는 일도 삼베나 모시베는 여름에 짜고 무명베나 명주베는 가을, 겨울에 짰다. 계절 따라 짰던 베는 양잿물을 넣어 삶아 햇볕 바라기를 한다. 그 작업은 늦여름이나 초가을이 제철이다. 습도가 낮고 채광도가 높기 때문이다. 표백제를 쓰지 않고 물에 적셔 말리기를 여러 날 반복해서 하얗게 되면 풀을 먹여 다듬이질로 이어졌다.

그때 방망이 소리는 베에 따라 다르다. 무명베를 다듬을 때는 깊고 굵어 폭포수가 쏟아짐을 방불케 했고, 모시베를 다듬을 때는 여름날 장독대 곁에 큰 키로 서있던 넓은 파초 잎에 후드득 떨어지는 소낙비 소리 같았다. 그리고 또 명주베를 다듬을 때는 바위 틈에서 떨어지는 옹달샘에 물방울처럼 맑은 소리로 가슴 속에 물들어 있다.

그렇게 그 방망이질 소리만으로도 어떤 베를 다듬는지 멀리서도 알 수 있었다. 명주베 다듬이 소리 중 '곱게 곱게'를 빠르게 따라 해보면 '고께고께고께' 꼭 그렇게 들리곤 했다. 달빛이 시리도록 흐르는 겨울밤 어머니하고 마주 앉아 다듬이질하던 정겹던 그 소리는 지금도 먼 듯 가까운 듯 아름다운 추억 속에 메아리쳐 온다.

새물내 상큼한 삼베나 모시베는 할아버지, 할머니 새하얀 여름 한복을 지었다. 곱게 물감이 들여진 명주베로 검정 치마 다홍 저고리 내 옷도 지었다. 방 한가운데 오지 화롯불을 놓고, 인두를 볼 가까이 가져다가 열기를 가늠해 가며 밥알을 헝겊에 싸서 앞니로 꼭꼭 눌러 짜면서 풀칠을 해 깃이나 섶을 예쁜 선으로 그리듯 도련까지 마무리하던 그 손놀림은 곱기만 했다.

밤이 깊은 줄도 모르고 등잔불 켜놓고 손수 지은 옷들을 차곡차곡 장롱 속에 넣어 두고 또 수틀을 챙겨 바늘에 색색 비단실을 꿰면 꽃이 피어나고 나비는 춤을 추었다.

그때 언니의 곱게 땋아 내린 머리끝에 빨간 댕기는 방바닥까지 가지런히 나비가 사뿐히 앉은 듯 더욱 더 그 자태를 아름답게 해 주었다. 마치 한 폭의 수채화처럼. 그런 언니는 음식솜씨도 친정 어머니를 닮아 더욱 좋아 친척이나 이웃의 크고 작은 일에 대범하게 앞장을 서기도 했다.

이렇듯 진솔하고 심성이 샘물 같은 심지 굳은 언니가 청상이신 시어머님과의 연단鍊鍛 같은 삶을 이어가고 있다. 어쩌다 자매가 앉으면 내밀한 마음을 열고 눈시울을 적실 때가 있다. 누구도 나누어질 수 없는 바윗돌 같은 생활의 현실을 털어놓아 보지만 서로가 할 말을 잃는다.

주어진 인고의 길을 지혜롭게 가기 위해 언니는 날마다 마음에 창을 닦고 또 닦는다고 했다. 오늘따라 언니의 곱던 눈가에 잔주름이 늘어나고 손이 거칠게만 보여 나도 거기에 한몫 더한 것 같아 가슴이 아리다.

멍게

곧 장마가 올 것이라는 기상예보에 햇볕 좋은 날 이불 빨래를 하려는데 강 사장에게서 전화가 왔다. 해산물 사업을 하는 통이 큰 강 사장도 무더위에 멍게의 신선도가 걱정이 되는 모양이다. 일손이 모자란다는 전화를 받고 나니 남의 일 같지 않아 가만히 있을 수가 없었다. 그래서 몇 군데 전화를 걸어 일할 만한 사람을 알아봤지만 집에 있는 사람은 없었다.

작업 시간은 오후 4시부터라고 했는데 벌써 3시가 돼 버렸다. 푹푹 찌는 날씨에 멍게가 상하지나 않을까, 그리고 또 전화까지 해온 강 사장에게도 어쩐지 책임감 같은 게 느껴졌다. 하는 수 없이 늘 부지런한 언니에게 강 사장의 딱한 사정 이야기를 했더니 언니는 "이 한여름에 생물을 두고 오죽 급했으면 너한테까지 전화를 했겠느냐, 고양이 발톱이라도 아쉬운 게지." 했다. 우리 자매는 강 사장이 일러준 작업장으로 찾아갔다.

작업장은 분주하게 움직이고 있어 겨우 눈인사만을 나누고 작업 준비를 했다. 강 사장은 장화와 갑배로 만든 앞치마, 고무장갑, 칼, 도마, 고무 통 등을 주섬주섬 내놓으면서 빨리 서둘러야 한다고 했다. 우리 자매는 미리 준비하고 기다리는 여러 아주머니들 틈에서 얼떨결에 작업복으로 갈아입었다. 이렇게 차려입은 두 자매가 손에 칼까지 쥐었으니 험상궂기가 이루 말할 수 없었다. 꼭 은행을 털러 가는 복장이 되었다.

어느새 얼음과 뒤섞인 멍게가 트럭 가득 실려 왔다. 산더미같이 쌓인 멍게 더미 앞에서 우리 자매는 어떻게 해야 할지 몰라 엉거주춤하다가 한쪽에 자리를 잡고 앉았다. 앞자리에서는 벌써 노란 속살을 발라낸 멍게가 바가지에 넘쳐나고 있었다. 눈치 빠른 언니의 손이 금방 빨라지고 있었다.

멍게는 도깨비도 아닌 녀석이 웬 뿔이 그리도 많이 났는지 요리조리 돌려봐도 봐줄 만한 곳이 한 군데도 없었다. 칼을 쥔 손에 힘을 주고 멍게를 푹 질렀다. 멍게는 찌이익 비명을 지르며 물총을 내 얼굴에까지 쏴댔다. 겁 없이 아무 곳이나 푹푹 찌르는 내 손놀림에 깜짝 놀란 모양이다. 껍질 속의 알몸을 쉽게 내주지 않으려고 안간힘을 썼다. 나도 있는 힘을 다해 멍게 살을 빼냈지만 쉽지 않았다. 옆에서 보다 못한 언니가 내 옆구리를 쿡 지르며

"그렇게 아무 곳이나 쿡쿡 찌르는 것이 아니야. 너 그러다가는

멍게한테 물리겠다. 옆자리 선수들 손을 봐라." 했다.

나는 식당에서 멍게를 새콤한 초고추장에 찍어서 먹어보기는 했지만 이런 힘든 과정을 거쳐서 식탁에 오른다는 것을 미처 알지 못했다. 해녀들이 잡아 올린 자연산인지 양식인지조차도 몰랐다. 그런데 오늘 이 멍게는 대량 양식을 해서 많은 양이 횟감이나 젓갈용으로 쓰이게 된다고 했다. 또 더러는 일본산도 들여온다고 한다.

오늘 이 작업장에는 강 사장을 비롯해 일하는 사람 모두가 여성들이다. 아들 유학 뒷바라지를 하는 경이 어머니, 넓은 집으로 이사하기 위해 저축하는 현이 엄마와 남편이 일찍 떠나버려 혼자서 아들딸 대학 공부시키는 순이 엄마, 출근하는 남편의 등이 굽어보여 조금이라도 보태려고 일한다는 석이 엄마 등등 모두 사연은 달랐지만 가정을 지키고 자녀를 양육하려는 궁극적인 목표는 하나였다.

이 작업장에서의 영글어 가고 있는 희망의 씨앗은 당연히 멍게다. 수많은 멍게가 여성들의 손에서 기꺼이 죽어 주었기에 흔들리는 세상에서도 또 남편의 빈자리까지도 채우는 강한 모성으로 훌륭할 수 있었다.

올라가는 기온에 멍게의 신선도를 유지하기 위해 까놓은 알맹이는 수시로 냉장보관을 해가면서 작업은 계속되었다. 밤 9시가 돼서야 산더미 같던 멍게의 속살은 깨끗이 씻어서 잘 포장하여 보관이 끝났다. 작업장의 분주했던 손놀림들의 소망은 멍게와 함께 차곡차곡 쌓이고 있었다. 다섯 시간 동안 노동의 소중한 꿈들은 고이 쌓아두고 삶의 무게만 남은 멍게 껍질은 또 다른 최후의 헌신을 위해 실려 갈 채비를 하고 있다.

마지막 청소까지 마치니 밤 10시다. 지칠 만도 한데 노임으로 받아 쥔 두둑한 봉투 덕분일까. 모두들 힘든 기색은 찾아볼 수 없었다.

그제야 우리 자매도 서로 얼굴을 마주볼 수 있었다. “언니 얼굴은 점순이야.” “야, 너는 깨순이다.” 우리 자매는 오늘의 일에 흐뭇해하며 함께 웃었다. 그리고 가정과 자식을 위해 고된 일을 마다하지 않는 억척 여성들에게 꿈이 이뤄지기를 빌며 돌아왔다.

시클라멘

음력 동짓달의 오후 여섯시는 어두워진 지 오래다. 굳게 닫힌 대문과 현관문을 따고 방안으로 들어서자 시클라멘이 함박웃음으로 맞아준다. 하루의 피로가 싹 가신다.

꽃은 한차례 피었다가 져버리면 다음 해에나 피는 줄만 알고 있었던 나는 이 꽃이 피었다 진 뒤 햇볕이나 쐬라고 밖으로 내다 놨었다. 그리고는 물 주는 것도 잊어버리고 있었다.

그러던 어느 날, 마당을 쓸다가 이파리가 다 말라비틀어지고 거의 죽을 지경에 이른 시클라멘 화분이 눈에 띄었다. 꽃이 지기를 기다리기라도 하듯 곧바로 방안에서 밖으로 내보낸 인정머리 없었던 처사와 게으름이 미안해 얼른 물부터 주었다.

그리고 곧바로 가까운 꽃집에서 그 꽃의 속성을 알 수 있었다. 물을 좋아하고 또 꽃을 피우는 기간이 길다고 했다. 그러면서도 물이 이파리에 닿지 않게 주어야 하는 특성 때문에 화분 밑의 물받침에다 물을 부어주는 색다른 관리를 해야 한다는 것이다. 물만 자주 주면 초겨울부터 봄까지 꽃을 계속 볼 수 있다고 했다. 액체로 된 비료도 사왔다.

그날부터 다시 방으로 들여놓고 아침저녁으로 눈맞춤을 했더니 금세 생기를 회복하고 이렇게 고운 꽃을 활짝 피웠다. 하마터면 꽃을 준 언니의 깊은 마음도 다 헤아리지 못한 채 죽일 뻔했다. 천만다행이다. 식물은 정직할뿐더러 회복도 참 빠르다는 것을 새삼 느끼게 되었다. 나는 조금 노력을 했을 뿐인데 이렇게 큰 기쁨으로 화답을 하니 말이다.

인간의 육체는 한번 망가지면 특별한 경우를 빼고는 회생하기가 쉽지 않음을 더러 보게 된다. 명의나 명약이 아직 나타나지 않아서일까. 아니면 사람의 생명에 대한 귀중함을 더 높이기 위한 창조주의 계획일까. 죽을 것만 같았던 식물이 회생하여 다시 꽃을 피워 방글거리는데 나는 당치도 않은 생각을 하면서 콧등이 시큰해진다. 요즘은 겨울철이 춥지 않아서인지 때 이르게 목련 가지에도 꽃망울이 새봄 맞을 준비를 서두르고 있다.

몇 해 전만 해도 여러 가족이 함께 살았던 우리 집에는 꽃나무와 화분이 많았다. 좁은 마당이나 마루에 크고 작은 화분들이 빼곡히 자리를 차지하고서 사철 갖가지 꽃을 피우고 있었다. 이 꽃나무들은 시어머니와 남편의 자상한 보살핌 덕분에 예쁜 꽃들을 볼 수 있어 좋았다.

그러나 세월이 흘러 연로하신 어머님과 남편의 오랜 간호에 지쳐버린 나에게 꽃이 눈에 들어오질 않았다. 사랑을 받지 못하는 꽃나무들은 하나 둘씩 죽어 나가고 땅에 뿌리내리고 자라는 백목련과 수국 그리고 모란만이 마당 한 귀퉁이에 자리하고 있는 형편이다. 방안에도 군자란 화분뿐이다. 마당이나 방안에 남아 있는 이들은 모두 질긴 생명력 덕분에 아직 내 곁에 머물 수 있었다. 하지만 이들 꽃이 다 시들고 난 동짓달의 우리 집은 삭막하기 그지없었다.

이런 처지를 잘 아는 언니가 어느 날 빨간 시클라멘 꽃 화분 하나를 나에게 건네주었다. 언니는 화원 앞을 지나다가 한겨울에 핀 꽃이 하도 곱고 기특해서 사왔다고 했다. 얼마 전 남편을 보내고 직장 일하는 동생이 보기에 안쓰러웠던지 퇴근할 무렵이면 언니는 자주 전화를 해 자잘한 하루의 안부를 묻곤 한다.

"집에 오면 깜깜한 밤이야."

언니는 무심코 했던 통화내용 중의 말이 마음에 걸렸던 모양이었다. 언니는 언제나 온돌방 아랫목이며 고향이다. 색다른 음식을 먹을 때나 분위기 좋은 찻집에서는 꼭 나를 불러 챙긴다. 늘 받기만 하는 마음이 괜히 서러워지다가도 동기간의 따뜻한 정에 새삼 삶의 활력을 얻는다.

언니의 그 뜨거운 사랑을 알아차린 시클라멘은 창가에 스며드는 햇볕을 받아 고운 꽃을 피우고서 종일 빈방을 지키며 기다리다가 나를 보자 환하게 반겼다. 가까이 다가서니 언니의 따뜻한 체온이 포근히 감싸준다.

우유와 광주 5·18

우유값을 올려야 한다는 낙농가의 시위가 TV 화면을 가득 채운다. 품삯이나 사료값은 솟을 대로 솟았는데, 유가乳價는 10여 년을 제자리만 지켰다니 그들의 주장도 정당해 보였다. 흙바닥에 하얀 우유를 콸콸 쏟아 버리는 장면, 먹을거리를 가지고 너무한다 싶었지만 절박한 그들의 심정도 이해가 된다. 땅바닥에 흘러내리는 우유를 보니 다 아문 줄 알았던 그 옛날 상처가 다시 욱신거린다.

사십여 년 전 우유대리점을 했던 적이 있었다. 그때는 도로사정이 좋지 않았을 뿐더러 우유 생산량이 부족해서 이곳 여수까지 직접 보급되지 못했다. 광주지점에서 끝나기 때문에 우리는 저녁에 광주까지 차를 몰아 첫새벽에 들어오는 우유를 받아 싣고 걸음을 재촉해야 했다. 참 옛날 이야기다. 매일같이 반복되는 이 일을 전담하는 기사가 그날은 결근을 하는 바람에 동생이 대신 갔었다.

1980년 5월 18일 첫새벽, 예정대로 우유를 받아 싣고 여수로 돌아서는 순간 느닷없는 총성에 광주는 발칵 뒤집혀 불바다로 변하고 말았다. 잠시 전만 해도 평온했던 광주, 그날따라 남도의 하늘은 맑고 샛별은 유난히 더 반짝였단다. 그랬던 광주가 순식간에 천지가 진동하는 화염의 소용돌이 속에 휩싸이고 말았다. '전쟁이 난 걸까.' 생각할 겨를도 없이 동생은 의식을 잃었다. 야욕을 가지고 무장한 폭력 앞에 맨손뿐인 민간인이 무슨 용맹이 있을 리 만무했다. 포박당해 끌려가 한참만에야 정신이 든 곳, 아비규환 속에서도 전쟁은 아닌 것을 알아차릴 수 있었다.

우유를 실었던 탑 차는 처참하게 나뒹굴고 박살이 난 (당시엔 병 포장) 유리병 조각은 여명 속에 속절없이 반짝이고 하얀 우유만 땅바닥에 강물이 되어 흘러내렸다. 끌려가 만신창이가 된 동생의 머릿속은 온통 경찰서 바닥에 흥건한 핏빛이 길바닥에 흘러내리던 하얀 우유로만 보이더란다.

영문을 몰랐던 우리는 도착시간이 훨씬 지났는데도 돌아오지 않는 우유를 기다리다 못해 광주지점으로 연락을 해봤지만, 교통도 통신도 모두 끊긴 상태였다. 안절부절못하던 하루가 천 년 같았다. 다음 날 해거름이 돼서야 광주에 공산당의 사주를 받은 폭동이 일어났다는 소문과 온갖 흉흉한 말들이 나돌았다.

요즘처럼 휴대폰이 있을 때도 아니어서 우리는 마냥 기다릴 수가 없어 경찰서에 실종 신고를 했다. 조회 끝에 동생이 광주경찰서 유치장에 감금돼 있다는 사실을 알았다. 죄목은 새벽에 불온한 것을 운반했다는 것이다. 참 어이없고 기가 막혔지만 무고한 양민의 생업에, 설마 하는 바람으로 동생을 찾으러 광주로 갔다. 그 현장은 듣던 것보다 더 삼엄하고 살벌해 도저히 상상을 할 수 없는 끔찍한 곳이었다. 말로 다할 수 없는 참담하고 무서운 광경에서 오금이 저렸다는 남편의 증언.

집으로 돌아온 동생은 온몸이 멍이 들고 갈비뼈까지 으스러졌다. 그 처참함이라니. 무서운 고문과 구타의 현장이 한눈에 보였다. 우리는 재산상의 손실 같은 건 아예 생각할 겨를도 없었고 오직 동생이 살아 돌아올 수 있었던 것만을 천운으로 여겼다.

그 후 동생은 육신의 고통보다 정신적 압박감과 공포에서 헤어나지 못했다. 사람의 상식으로는 도저히 용납할 수 없었던 그 현장에서의 비명과 울부짖음의 환청이 밤낮으로 괴롭혔단다. 또 자신이 직접 보고 들었던 사실들을, 입 밖에 낸다면 두 사람의 (형님과 보증인) 신변에 위험이 가해질 수 있다는데 서명을 했다는 중압감에 괴로워하고 있었다. 당시 오빠는 육군 중령이었고 전방에서 근무했다. 집안의 행사가 있을 때 고향집을 오면 형제의 의견대립이 있곤 했다. 이것이 당시의 현실이었다.

한 가지 사건을 두고 그렇게 극과 극의 두 시각, 백 번 양보해도 납득이 되질 않는 일이었다. 장교란 충성이 목숨이란 걸 모르는 바 아니지만, 직접 보고 당한 아우의 말을 털끝만큼도 이해하려 하지 않는 오빠와 동생의 대립. 혼란의 시대가 답답할 뿐이었다. 이제는 이런 안타까운 사실을 가슴 아프게 바라보셨던 부모님도 다 떠나셨다. 긴 방황을 딛고 새로운 길을 가겠다고 나선 동생은 국악이론이란 학문에 몰입하여 밤을 모르고 열심을 다했다. 방학 때면 택시기사 아르바이트까지 해가면서도 장학금을 받으며 십여 년의 수고 끝에 학위까지 받았다. 암울했던 기억들을 청산하는 데 너무 많은 시간의 대가를 치르고서야 활기를 찾은 동생이 보기 좋았다.

그러나 모처럼 만에 눈부신 햇살을 받았던 그에게 그마저도 내놓으라는 가혹한 신의 명령 같은 게 기다리고 있었을 줄이야. 받은 학위와 찾은 평안을 축하해줄 새도 없이 청천벽력 같은 독버섯이 동생 몸속에 있음을 발견했다.

광주 5·18 이란 먹구름의 음지에서 빠져나와 겨우 봄볕에 손 내밀고 일어섰던 그는 걸음마도 떼기 전 저 넓고 먼 곳으로 가고 말았다. 그 나라에선 그토록 소망했던 용서의 불쏘시개로 타고 있을까.

이사하던 날

커다란 탑 차에 이삿짐이 차근차근 쌓이고 있다. 시집오면서부터 지금까지 살았던, 정든 집을 떠나는 심정은 이루 말할 수 없다. 마당가에 서서 해마다 봄소식을 맨 먼저 알려주던 목련나무를 새 주인이 와서 무작정 베어버렸다. 게다가 무슨 이유인지 세월의 나이테도 선명한 나무 등걸에 눈물 같은 수액이 소금으로 범벅이 돼 있었다. 등골이 오싹했다.

이 목련나무는 삼십여 년 전 친정 부모님께서 가꾸시다가 오빠네로 이사 가기 전 아버지께서 손수 우리 집으로 옮겨 심으셨다. 그래서 나는 목련이 필 때면 언제나 돌아가신 부모님을 생각한다. 그뿐만 아니라 시어머니께서도 몹시 소중히 돌보시던 나무다.

그러나 이제 이 집도 양쪽 부모님도, 그리고 나무도 모두 추억 속으로 사라져버렸다. 첫아이가 초등학교 오학년 때 시어른께서 사시던 함석집을 헐고 새집을 지어서 세상에 둘도 없는 보금자리로 여기며 살았던 곳이다. 그동안 많은 형제들은 세월 따라 모두 출가해 나만 남아 휑하니 큰집을 지키게 됐으니. 그런 내 마음을 하늘이 알았는지 내놓지도 않은 이 집을 사겠다는 이가 있어 정리하고 난생처음으로 오늘 이사를 하는 날이다. 마음을 다독이며 애써 태연해지려 했지만 지난밤을 뜬눈으로 꼬박 새웠다.

이사하는 날, 아들이 서울에서 오겠다고 했지만 한사코 사양을 했다. 직장 일도 바쁘고 먼 곳에 사는 아들에게 괜한 수고를 시키길 싫어서였다. 그런데 새벽녘에 느닷없이 초인종이 울려 나갔더니 아들이 새아기와 함께 들어서는 게 아닌가. 말리기는 했지만 아들을 보는 순간 나는 눈물을 쏟을 뻔했다. 아들은 오지 말라는 에미의 속마음을 다 알고 있었을 뿐더러 며늘아기가 앞장서 퇴근한 제 신랑을 재촉해 밤새워 달려 왔다고 한다. 거기에다 아침 일찍부터 이사를 하려면 경황이 없을 것이라고 도시락에 된장국까지 끓여서 싸가지고 왔다. 시집온 지 몇 달 되지도 않은 새아기의 총기와 정성은 큰 감동이었다.

새로 들게 된 집은 오래된 소형 아파트이다. 처음 둘러봤을 때는 혼자 살 집이기는 하지만, 너무나 비좁고 허술해서 쉽게 정을 붙이고 살아질 것 같지 않았다. 그런데 청소하고 도배도 하려고 몇 번 드나들다 보니 마음이 조금 풀렸다.

아들이 오지 않고 나 혼자였더라면 정말 서러울 뻔했다. 새로운 환경에 적응하기가 생각보다 힘들다. 그러나 직장 다음으로 자주 가는 교회가 가까워서 무엇보다 좋다. 아들은 이삿짐 속에서 제일 먼저 제 아버지 사진액자를 찾아 눈에 잘 띄는 정면 벽에다 걸었다. 역시 아들이다.

많은 가재도구를 버리고 왔지만 낡았어도 손때 묻은 안방 가구만은 그대로 옮긴 덕분에 그리고 벽에 걸린 남편의 사진이 낯섦을 덜어준다. 서둘러 이삿짐을 정리했다. 쓸 만한 물건은 이웃에 나눠주기도 하고 혹은 버리기도 하여 절반도 넘게 줄였건만 아직도 많이 남았다.

버리고 줄일 것이 어디 살림살이뿐이겠는가. 마음속에 덕지덕지 쌓여 있는 삶의 먼지들 때문에 정작 채워야 할 것들은 발 디딜 틈을 찾지 못하고 있으니 안타깝다. 무엇을 얻으려고 그 많은 시간들을 바동바동 달려 왔는지 자신을 새삼 되돌아보게 한다. 육체는 나이를 먹어 허약해졌어도 마음은 언제나 "나의 살던 고향은 꽃 피는 산골"이다.

새집을 지었을 때 초등학생 꼬마였던 아들은 제 처와 함께 엄마를 도와주고 오늘 또 밤새도록 제 집으로 가야 했다. 피곤해할 만도 한데 풋풋한 향기를 남기고 떠났다. 지금 어디쯤 가고 있을까. 이사 온 첫날 밤, 낯선 아파트 방에 혼자 앉아 이제 옛집이 되어버린 두고 온 집 생각에 잠겼다. 아이 둘을 낳아 기르면서 밤늦도록 가게에서 일을 했고, 시동생들을 하나씩 출가시킬 때는 힘들다기보다 맏며느리로서의 흐뭇한 보람이 더 컸다. 시동생들은 모두 착하고 부지런했고 동서들 역시 마음씨 곱고 알뜰해서 고마웠다.

이층집을 지어서 들던 날 두 동서는 만삭이었는데도 큰댁의 경사에 한 짐이나 되는 배를 안고 기우뚱거리며 손님 접대에도 바쁘기만 하던 모습들이 눈에 선하다. 그때 엄마 뱃속에서 큰집의 집들이를 맞았던 조카아이는 벌써 결혼을 하여 아기 아빠가 됐고, 또 한 조카는 의젓한 직장인으로 열심히 일하고 있다.

이제 나도 동서들도 윤기 없는 머리가 희끗희끗하지만 손자들 바라보는 재미에 푹 빠져 있다. 언제 시간을 내서 서로 만나 지난 날의 이야기를 나누었으면 좋겠다.

저녁놀

갓 태어난 손녀의 배냇짓이 귀엽고 신통해서 날 가는 줄도 모르고 있었다.

딸이 뒤늦게 둘째를 낳게 되어 감사한 마음으로 수발을 들었다. 첫애를 낳았을 때는 친정아버지인 남편이 병석에 있었기에 후덕하신 시어머니께서 수고를 해주었다.

시집을 보냈으면 시댁에서 하는 게 순리지만 산 수발은 아무래도 친정어머니가 하는 편이 서로가 편할 것 같아 자청했던 일이다.

집을 떠나 수원에 있는 딸네 집에 온 지도 벌써 한 달이 넘었다. 직장에서 한 달 휴가를 받았으니 기한 내에 돌아가야 했다.

얼마 전 결혼한 아들의 신혼살림도 아직 구경을 못한 형편이다. 그래도 이제 일주일 후면 집으로 돌아가야 하기에 서둘러야 했다. 새아기가 점심준비를 한다 했다. 아들은 같은 경기도 안에서도 이

동거리가 한 시간이 더 걸리는 이곳으로 차를 몰아 나를 데리러 왔다. 공부하느라 늦은 혼인을 한 아들의 신혼살림이 궁금하기도 하고 기대가 되기도 했다. 그런데 딸은 "엄마, 오빠 집에 가면 냉장고 문이나 옷장 문을 열어보지 마세요." 딸이면서 며느리기도 한 딸이 했던 말의 여운이 귓가에 매달린 채 모처럼 아들 차에 동승하고 보니 콧등이 시큰해져서 아버지와 이 길을 함께했더라면 얼마나 좋겠느냐고 했더니 "사람에게는 불가항력이라는 게 있잖아요. 이제 어머니 건강이나 챙기면서 사세요." 운전대를 잡은 아들은 담담히 말하고 있었다. 가끔씩 주고받는 우리의 대화는 따뜻하고 편안했다.

그런데 느닷없이 울리는 전화벨 소리는 모자간의 차속 분위기를 순식간에 깨버리고 말았다. 요즘은 휴대폰이 우리에게 족쇄다. 아들 회사에서 온 전화다. 평소에 주말인데도 근무 중이라는 말을 많이 들었지만, 진작부터 이번 주말은 비워두어 별일이 없을 거라더니 무슨 일이 얼마나 급하기에 점심 준비가 다 된 것을 보고 그냥 나가야 했을까. 며느리가 분주하게 준비한 것에 미안한 생각이 들었다.

얼른 식사를 하고 나가라고 해도 서둘러 옷을 챙겨 입는 아들 앞에 며느리는 날래게도 주먹밥을 김에 싸서 종종거리며 제 신랑 입에 넣어준다. 아들은 어린애처럼 옷을 입으면서 받아먹고 있었다. 며느리의 그 애교가 귀엽다.

그렇게 아들은 회사로 들어가고 고부姑婦가 늦은 점심 식탁에 마주 앉았다. 제법 솜씨를 내서 음식을 차렸다. 아들이 없는 밥상이지만 며늘아기가 애써 차린 음식을 맛있게 먹었다. 신접살림 구경을 하고 싶었지만 딸의 당부도 있고 해서 아들이 나가고 없는 방안을 조심스럽게 둘러보았다.

그러나 굳이 냉장고 문을 열지 않았어도 싱크대 옆에는 파뿌리나 다시마 그리고 멸치 등을 넣어서 끓여 둔 냄비가 눈에 띄었다. 또 새아기가 열고 닫는 냉장고 속을 엿볼 수 있었다. 오밀조밀 앙증맞은 용기들에 담겨진 밑반찬들의 가짓수만도 여러 가지다. 새아기의 살림솜씨가 예사롭지 않아 마음이 흐뭇했다. 새아기에게 다가서면서 "애야, 요즘은 시어머니가 냉장고 문 열어 보는 게 실례라던데, 난 열어보고 칭찬을 해주고 싶으니 어떡하냐?" 농담이 아닌 진심으로 말했다. "네. 그러세요, 어머니. 제 음식이 입맛에 맞으셨어요?" "그래 참 맛있었다. 공부만 하다 언제 밥이라도 해봤을까 염려했는데 이제는 맘 푹 놓아야겠다." 며늘아기는, "어머니께서 주신 된장·간장이 맛있어서 제 음식 솜씨가 빛이 났어요." 하며 활짝 웃었다. 시어머니를 배려하는 그 겸손이 더욱 귀엽고 기특했다. 저녁 준비를 하는 며늘아기를 뒤로 베란다로 나가 창밖을 바라보았다.

서산엔 저녁놀이 유난히 붉게 물들어 있었다. 이 근래 언제 저리도 곱게 타는 저녁놀을 보았던가. 가슴이 벅찼다. 아들의 아파트 베란다에서 바라보는 하늘 끝 저 고운 저녁놀, 할 일을 다 마치고 집으로 돌아가는 행복한 모습 그것이었다.

착한 동반자들

신 모델 제품 광고가 텔레비전 화면을 가득 채우며 온갖 기능을 자랑한다. 보통 상식을 뛰어넘는 만능 재주꾼인 인공지능을 탑재한 제품들은 요즘 말하는 사차산업의 시대가 우리 가전제품에 이미 도래했다. 그리고 이렇게 똑똑한 기계들을 쓰려면, 어지간한 젊은이들 아니고는 이용이 가능할까 하면서도 의기양양하게 어깨가 으쓱해지기도 한다. 게다가 잘 진열된 제품 매장 앞에서 호기심으로 눈길이 멈추는 고객들이 많으면 더욱 그러하다.

몇 년 전, 딸 해산 수발을 한 달 정도하고 집으로 돌아온 우리 주인은 문을 열자마자 좀벌레·나방이 집안 가득 날고 있어 깜짝 놀란 적이 있었다. 밥해 먹던 쌀과 보리가 원인이었다. 그 뒤부터는 어떤 곡식이든 나와 친구들에게 맡겨졌다. 그리고 또 요즘 시대는 곡식뿐만이 아니라 고사리, 도라지 등등 각종 갈무리한 나물들이나, 또는 마른 미역까지도 여름 동안은 우리 친구들의 힘을 빌리지 않으면 곰팡이가 피고 만다. 또 씨, 장류를 제외한 된장, 고추장 따위와 제철이 없이 풍성한 과일이나 음료까지도 나와 내 친구들의 일거리가 됐다.

우리 주인도 아들들이 특별한 날이나 명절이면 다녀가기도 하고, 지금은 나트륨을 덜 먹기 위해 짜지 않은 음식을 선호하다보니 웬만한 음식은 어쩔 수 없이 우리들이 품어줘야 할 수 밖에 없다. 게다가 여름 한철 입는 수영복까지도 다음 해에 새 옷처럼 입으려면 우리 친구들의 품속을 들어가야 한다는 사실이다. 쓰던 고무장갑을 내가 품어 준 지는 오래됐지만 입던 수영복을 다음해에 새 옷처럼 입으려면 우리 품을 빌려야 한다는 사실은 이제야 알았으니 어쩔 수 없는, 정보도 생각도 느린 시니어임을 실감한다. 참으로 우리가 할 일이 너무 많은 시대에 살고 있다.

우리 주인도 몇 년 전만 해도 해산물이나 김치 등을 아이들에게 자주 보내주어서 우리 친구가 서너 명으로 현재보다 많을 수밖에 없었던 때가 있었다. 그러나 지금은 딸이 대학교 사 학년 때 구입한 나와 김치보관용만 가동 중이다. 그 딸이 지금 마흔의 중반인데도 간단한 추후서비스를 단 한번 받았을 뿐, 말을 안 듣고 주인에게 속을 썩이거나 투정을 부린 적이 없는, 순종적으로 충성을 다하는 중이다.

더욱이 김치보관용은 구 년 전 구입회사로부터 이유도 모르는 리콜을 받은 행운도 있었다. 그리고 주인댁 옷이나 이부자리들을 깨끗하게 하느라 물벼락에 어지럼증도 마다않고 분주한 그이도 우리의 가족이 된 지 십여 년이나 됐다. 이이도 오랜 세월 동안 자기 본연의 소임을 착실히 실행하고도 일 많이 시킨다고 투덜거리지도 않는다. 게다가 생색을 내거나 으스대지도 않았으며 그저 묵묵히 소명을 다하는 우리의 동지이다. 사람들의 일상에서 우리 같은 기기가 없다면 어떻게 살 수 있을까. 정말 상상할 수도 없을 만큼 모두의 가정을 편리하고 행복하게 만들어주고 있다.

우리 주인이 시어른 때부터 살던 집을 팔고 아파트로 이사 올 때 혹시 우리를 버리고 새로 장만할 것인가 가슴이 철렁했다. 하지만 우리 주인이 멀쩡하고 정이 듬뿍 든 우리 지기들을 버릴 이유가 없었다. 역시 우리 주인이다.

또 삼십여 년 전 새집을 지어서 들었을 때, 거금을 들여 장만했다던 나전칠기 장롱도 이심전심이다. 한자리에 서 있어서 힘들기도 하겠건만 주인 따라 나들이 다녀온 코트나 꽃무늬 원피스가 바깥 세상 이야기를 조잘조잘 이야기해 줘 즐겁단다.

우리들은 모두 주인과 비슷한 연배라고 할 수 있다. 그래서 더욱 애잔하다. 모두들 모델만 구형일 뿐, 기능이 멀쩡할뿐더러 해묵어 끈끈한 정으로 함께한 가족이다. 게다가 가벼운 흠집 정도는 오랫동안 동행한 훈장이라며 작은 신음소리 한번 내지 않은 우리들이다. 주인은 늘 우리들의 문을 여닫을 때나 또 닦아줄 때도 "고마운 착한 동반자야." 하고 말해 준다. 우리들도 동감이라고 고개를 끄덕이며, 사랑해 줘서 감사하다고 환하게 웃어준다.

참 가족이 하나 더 있다. 강산이 세 번이나 변한 나이를 먹은 군자란이다. 물밖에 주는 게 없는데도 불평도 없이 해마다 예쁜 꽃을 피워 기쁨을 주니 그렇게 고마울 수가 없다는 주인의 칭찬이다.

그러나 정작 주인의 육체는 연식이 높다고, 모서리가 닳았다고 날마다 구시렁거리며 불평들이란다. 그걸 달래느라 우리 주인은 하루가 멀다 하고 병원을 들락거리고 있다. 이 모습을 날마다 보고 듣는 우리 집 동반자들은, 비웃지도 못하고 더욱이 흉도 못 보겠다. 그러면 함께 가자고 다독이며 위로라도 해줄까.

어버이날에

삼사월 내내 맑은 날이 적고 기온이 낮아 농작물 작황이 좋지 않다는 뉴스를 많이 들었다. 그러니 화훼농사도 당연히 풍작이 될 수 없어 꽃값이 대단하다. 그런데도 꽃가게엔 날이 날이니만큼 꽃을 사려는 사람이 많다.

꽃을 사려는 사람들은 가슴에 꽃을 꽂아 드릴 부모님이 살아계신다는 것만으로도 얼마나 큰 축복이라는 것을 느끼고나 있을까. 나의 지난날을 생각하면 괜히 마음이 아프다. 그래도 아직은 내 손으로 꽃을 사서 부모님의 산소라도 찾을 수 있음에 위로를 받는다. 또 어려운 여건 속에서도 애써 꽃을 가꾼 농부들의 수고가 고맙기만 하다. 꽃을 포장하는 차례를 기다리는 동안 머릿속에는 이런저런 생각들이 스쳐 지나갔다.

오랜만에 파란 하늘을 보니 속이 확 트이는 아침 꽃을 사 들고 집을 나섰다. 어느새 온 세상은 싱그러운 초록으로 변했고 거리엔 울긋불긋한 봄꽃들이 예쁘고 향긋하다. 지난겨울은 그렇게 춥고 길었는데도 오늘 이 포근하고 아름다운 계절을 만나고 보니 자연의 순환이 경이롭기만 하다. 따라서 어둡던 내 마음도 신선한 초록으로 한껏 물이 든다.

산소에 함께 가자고 언니에게 전화를 했더니 벌써 챙기고 나섰다는 대답이다. 일하는 내가 피곤할까봐 형부와 이제 막 출발하는 참이었다면서 동행을 반가워했다.

공원묘지에는 벌써 많은 사람들이 와서 성묘를 하고 있었다. 수많은 무덤들 앞에 많은 꽃들이 놓여 있었다. 생전에 못다 한 아쉬운 마음들인가. 아이들을 데리고 도시락을 싸들고 소풍삼아 찾아온 가족도 있었다. 모처럼의 휴일에 산소를 찾아 자녀들에게 생전의 할머니 할아버지 이야기를 들려주는 것도 뜻있는 일일 것 같았다. 부모님 바로 옆 산소에 아이 엄마는 보이지 않고 할머니와 젊은 남자가 서너 살 정도로 돼 보이는 아기를 안고 와서 꽃을 꽂으며 "여기에 할아버지가 주무시고 계셔. 오늘 할머니와 아빠 또 별이도 함께 왔어요, 하고 말해 봐." 그러자 아이가 "그럼 하비(할아버지)는 언제 일어나는 거야?" 한다. 참 천진난만한 아이다운 질문이다. 아기의 할머니도 나도 마주보며 함께 웃었다.

우리는 그 자리에서 언니가 준비해 온 음식으로 함께 점심 식사를 했다. 공원묘지의 무수한 무덤을 바라보면서도 식욕이 이는 자신에게 놀라지 않을 수 없다. 그리고 살아 있음의 양면성에 속으로 웃고 말았다. 무덤 주위를 맴돌던 까마귀들이 가까이 날아든다. 아마 고수레로 던져주는 음식물을 쪼아 먹는 재미를 맛보는 모양이다. 더 많은 음식을 던져 주었다.

지난날을 돌아보면 부모님 살아계실 때는 가슴에 꽃을 달아드리는 날이 길지 않을 것이라는 것을 깨닫지 못했다. 그저 간단한 선물과 약간의 용돈을 드리고 자식놀이를 다한 것처럼 생색을 냈으니.

내 인생의 잠깐 사이에 친정 부모님과 시어른들마저도 모두 떠나버린, 허허한 현실이 됐다. 더욱이 나이가 들어갈수록 친정어머니라는 그 이름만으로도 목이 멘다. 어머니의 마음을 다 헤아리지 못한 채, 바쁘게 일만 하던 사이 어느새 부모님 모두 떠나버리셨다.

그리고 어른들의 유택이 있는 가족묘지, 내가 들어갈 빈자리에는 오월의 햇살을 받은 잔디가 파랗게 자라고 있다. 언제가 될는지 내가 이 세상 소풍 길을 마치고 가서 누울 자리를 보면서 담담해진다.

며칠 전에 나는 신혼인 아들 내외와 함께 제주도 여행을 다녀오고 고마운 선물도 받아서 어버이날 대접을 미리 받았다. 그리고 당일인 오늘은 부모님 산소를 찾았다.

부모님 살아계실 때 가슴에 달아 드리던 꽃을 오늘, 나는 가슴으로 부모님 유택 앞에 카네이션을 올려놓았다. 2010년 05월

6부
/
여 행

낭비와 인심

식당으로 들어서자 구수한 정어리 조림 냄새가 물씬 풍겨 군침이 돌게 했다. 친구들과의 오늘의 점심은 정어리쌈밥이다. 새벽이슬 머금은 밭에서 갓 캐온 푸성귀가 대바구니 가득 담겨 손님들의 밥상 위를 푸짐하게 장식하고 있었다. 모처럼만에 친구들과의 만남이라 우리들의 대화도 푸성귀 못지않게 싱그러웠다. 식당에는 이미 많은 손님들이 식사를 하고 있었다.

우리 일행도 예약된 자리에 안내받아 앉았다. 보글보글 정어리와 고등어조림이 먹음직스럽게 끓고 있었다. 게다가 돼지 살코기 고추장볶음이 맛깔스럽게 김을 올리고 있잖은가. 밑반찬으로도 고사리, 도라지, 취나물에다 톳나물, 미역초무침 등 해조류까지 나와 있었다. 약방의 감초인 돌산 갓김치와 봄 햇살에 동이 오른 봄배추 겉절이도 볶은 깨가 송송해 미각을 자극했다. 푸짐한 상

차림은 보기만 해도 배가 불렀다.

모두들 오랜만에 보리밥쌈을 얼마나 맛있게 먹었던지 그 많던 채소 바구니의 바닥이 보였다. 주인은 어느새 다시 가져다 바구니를 가득 채웠다. 넘치도록 주고 또 준다. 호남지방 음식 인심 후한 것은 널리 알려진 사실이지만 이 식당은 유달리 더했다. 장사가 아주 잘돼 보였다. 끼니가 어려웠던 시절에 먹었던 꽁보리밥쌈을 지금은 건강식으로 또 별미로 많은 사람들이 즐겨 찾고 있다.

식당 주인과 맏며느리는 손이 커야 한다는 말이 있다. 식당 주인 손은 상술로 친다 하더라도 맏며느리 손이 커야 한다는 말은 좀 다른 의미로 쓰인 말이 아닌가 싶다. 옛날 보릿고개 시절에 많은 자식들 배부르게 먹일 게 얼마나 있었겠는가. 오륙십 년 전만 해도 농사만 짓고 살던 농촌에서 며느리를 본다는 것은 한 사람의 일손을 더 들이기 위한 행사였다. 그러니 많은 아들들과 손자를 함께 키워야 하는 젊은 시어머니의 애환에서 나온 속담이 아닌가 싶다.

이 말은 꼭 먹을거리뿐만 아니라 예나 지금이나 윗사람이 먼저 베풀어야 집안이 화목하다는 뜻으로 쓰인 말일 것이다. 오늘 우리는 먹을거리만큼은 풍족한 세대이다. 그 많은 식당에서 손을 한 번도 대지 않은 많은 반찬들이 매일같이 쓰레기통으로 버려지고 있지 않는가.

이렇게 먹고 남는 음식 문화에 젖어 있었는데 딸과 함께 관광차 일본엘 갔었다. 첫날, 국수로 이름이 알려진 식당에서 놀라지 않을 수 없었다. 국수 그릇 하나에 겨우 매화장아찌 세 쪽과 소금에 절인 오이 두 쪽이 반찬의 전부였다. 단무지라도 더 줄 수 없느냐고 했더니 값이 추가된다고 했다.

소문을 들어 이미 알고 있었던 사실이지만, 직접 겪는 기분은 또 달랐다. 일본 사람들은 식욕의 팔부 정도만 먹는다더니, 그래서인지 거리에서 보는 일본인들의 몸이 왜소해 보였다. 삼박사일 동안 매끼 사서 먹다보니 이제는 이상할 것도 없이 몸도 가벼워져 불만이 호감으로 바뀌었다. 식당에서는 남길 음식이 없으니 설거지하기도 수월할 것 같았다. 밤거리 구경을 나갔다가 우연히 쓰레기 버리는 곳을 지나게 되었다. 쓰레기 임시 수거장소에는 규격봉투 세 개만 달랑 놓여 있고 주변도 아주 깨끗했다. 숙소로 돌아왔지만 이국에서의 밤은 쉬 잠들지 못했다. 화장실과 쓰레기통을 보면 그 나라의 문화 수준을 안다고 했던가. 정말 듣던 대로였다.

음식을 많이 만들어 이웃과 서로 나눠 먹는 것은 좋은 일이지만, 절도 없는 손 큰 문화가 자연을 오염시켜 우리의 삶을 스스로 병들게 하고 있다는 사실을 우리는 알아야 하겠다. 금수강산 사계절이 있었던 우리나라, 삼한사온이 뚜렷하여 살기 좋다던 이 땅도 이제는 옛말이 되어버렸다. 혹한이나 열대야 또는 폭우 등으로 자연의 순리가 극변하고 있다.

각종 피부질환도 우리의 생활과 건강을 위협하고 있다. 요즘 태어나는 신생아 중 열 명에 여섯 명 이상이 아토피 피부질환을 가졌다고 한다. 산모도, 젖소도, 풀도 모든 환경이 오염이 됐다는 결론이다. 밥상 가득 차린 식당의 음식들이 거의 그대로 쓰레기통으로 나가고 있으니 이런 낭비가 언제까지 지속될 것인가. 손이 커서 인심은 좋다지만 땅과 물이 병들고 있다.

이제는 시대 따라 우리의 속담도 "손이 커야 잘산다."에서 '손이 맑아야 땅이 살고, 사람도 함께 산다.' 로 바뀌어야 할 것 같다.

더불어 했던 출장

삼십 년을 넘게 했던 내 가게를 정리하고 사회적 기업인 이곳에서 일을 한 지도 벌써 4년이 되었다. 자리만 바뀌었을 뿐, 손에 익었던 일은 크게 어려움이 없었다. 하지만 모든 절차를 내가 결정하고 지시했던 자영업에서의 익숙했던 습관은 버리기가 쉽지 않았다. 보고하고 결재하는 과정이 아직도 기능적인 면과 행정 간의 시간적 소요에 서툴렀다. 그러나 이제 조금씩 익숙해지고 있다.

이곳에서 하는 여러 종류의 옷은 전국 각지에서 택배나 전화로 주문이 들어온다. 그러던 중 보름 전에는 여러 벌의 옷을 하기 위해 내장사엘 다녀왔다. 산사로 들어가는 길, 내장산은 가을의 그 고운 물빛을 잉태하느라 한여름 초록 바람이 바쁘게 살랑거렸다. 거기서 세 시간 정도의 일을 마치고 돌아오는 길에 넘치는 그 싱그러움은 이 방문객을 따라와 푸른 친구가 되어주었다.

그리고 이번에는 제주행이다. 서귀포 어느 봉사단체에서 많은 양의 옷 주문이 들어왔다. 고객이 찾는 곳이라면 어느 곳이든 마다할 이유가 없었다. 그러나 내 개인적 사정이 공교롭게도 제주도에 가야 할 일과 겹치게 되었다. 그렇지만 내 사정만 내세울 수도 없지 않은가.

이곳에서 제주행 비행기는 일주일에 두 편밖에 없었다. 또 선박 편이 있기는 하지만, 그도 시간이 여의치 않았다. 돌아오는 길은 광주 쪽을 거쳐야 했다. 나는 다음날 퇴근 시간 후에 할 합평회 숙제로 써 두었던 작품을 여행 가방 속에 챙겨 넣었다. 목적지에 도착하니 오후 세 시가 넘었다. 거기서 사오십 명의 고객과 상담하고 채촌하기까지는 밤 열한 시가 넘도록 이어졌다. 그도 모자라 다음날 아침 공항에서까지 계속되었다.

하늘에서 내려다본 제주는 온통 하얀 시설하우스 천지였다. 천혜의 자연기후로 생산되는 것에도 모자라 사철 내내 밀감을 수확하는 시설물이다. 좋은 수확으로 수입농산물을 이겨낸 농부들의 웃음 가득한 얼굴을 볼 수 있기를 기원했다.

제주도는 지난해 아들 내외와 왔을 때보다 또 새롭고 신비하다. 공항에 내리면 벌써 공기부터가 색다른 맛이다. 더욱이 열대지방에서나 봄직한 키가 큰 종려나무들은 자연의 놀라운 섭리를 다시 한 번 느끼게 해 준다. 차창 밖으로 스치는 거리는 정화수로 헹군 듯이 정갈하다. 새벽잠을 깬 억새가 차도를 따라 한 아름씩

군데군데 서 있다가 바람결에 속살을 드러내고 하얗게 나부끼는 자태가 여느 지방의 억새와는 사뭇 다른 풍경이다. 보름 전 내장산의 풍경과 너무도 큰 차이로 가을 느낌이 성큼 앞서서 오고 있다. 안에서 일만 하다가 자연 속을 연속해서 넘나들었던 내 눈은 호사하면서도 계절의 민감한 속도를 따라가기에 바쁘기 만했다.

자주 올 수 있는 곳도 아닌 제주도에 왔다가 새벽부터 서둘러 돌아가야 하니 여간 아쉬운 심정이 아니다. 그러나 그보다는 오늘의 수업에 참석하지 못하면 어쩌나 하는 조바심이 더 컸다. 그런 내 마음을 알기라도 한 듯 어젯밤 만났던 제주의 한 고객이 승용차로 천제연폭포로 안내해 주어서 고마웠다. 첫 공항버스가 오기까지 약간이나마 자연의 관광을 즐기라는 배려이다. 서둘러 하룻밤 동안에 일을 다 마치고 돌아가야 했던 나그네는 대단한 횡재를 한 셈이다.

아침 안개에 떠 있는 선녀다리를 올려다보며 천제연폭포 아래 징검다리를 어린아이처럼 뛰어서 건넜다. 가뭄에는 폭포수가 마르기도 한다는데, 오늘은 맑고 세차게 떨어지는 폭포수의 울림소리가 어젯밤에 지친 피로까지 시원하게 씻어 주었다.

광주 비행장에 도착하여 택시의 호객 소리가 어찌 그리 반가운지 여행 가방을 급하게 들이밀었다. 서둘러서 간신히 정해진 시간에 맞출 수가 있었다.

이제 출장도, 합평회도 잘 끝낸 홀가분한 저녁이다. 숨 가쁜 사흘 동안의 일을 돌아보니, 고마운 분들이 많았다. 고맙게도 천제연폭포로 안내해준 고객의 아름다운 배려에 감사하고, 제주에서 이틀을 묵을 수 없는 나의 바쁜 사정을 고려해 제주까지 동행해준 이는 다름 아닌 나의 직속상관이었다. 행정업무에 쫓기면서도 기꺼이 함께해서 신속한 일처리를 하게 한 그는 상관上官, 그 이상의 진정한 인간미를 느끼게 해주었다. 그리고 광주공항에서도 여수로 돌아오는 택시가 없었다면 정해진 그 시간에 도저히 도착할 수가 없었을 것은 불을 보듯 훤한 일이었다.

사람은 누군가 서로의 도움을 주고받아야 살 수 있다. 도시와 농촌이, 또 생산자와 소비자가 그러하니 누구를 갑이라 하고 누구를 을이라 할 수 있을까, 사람 사는 관계는 공생일 뿐인데, 더불어 사는 삶이 있어 세상이 아름답다.

베트남 다낭 여행

이 한더위에 딸아이가 시부모님과 함께 가족여행을 가자고 했다. 부모님들이 더 나이가 들면 외국 여행이 힘들 것 같아서 올여름 휴가를 쓰기로 했단다. 고맙기도 했지만, 선뜻 대답을 못했다. 그러나 사돈 간에 의가 좋으면, 촌수 없는 일가라는 말도 있다. 남남끼리 자식을 인연으로 맺은 사이가 아닌가. 내 딸 예뻐해주시는 그분들과 내가 함께하지 못할 이유가 없었다. 그리고 매사에 사례 깊은 사위가 기획한 일이니 기꺼이 대답했다. 그런데 가는 곳이 '베트남 다낭' 휴양지라니 바깥사돈이랑 함께 수영복 입을 일이 좀 마음에 걸렸다.

인천공항에서 밤 아홉 시 반쯤 출발하는데, 웬 여행객이 그렇게도 많은지 놀라지 않을 수 없었다. 이 무더위에 어른아이 할 것 없이 워낙 많은 인파가 움직이니 시간이 지연이 되는데도 모두들 즐거운 표정들이다. 주로 가족이나 단체여행객이 많아 보였다. 우리 일행만도 일곱 명 아닌가.

새벽 한 시경에 도착한 우리 일행이 묵을 호텔은 단독 삼층 건물로서 한 가족이 묵기 딱 알맞은 공간이다. 영화에서나 봤던 야자수가 즐비한 바닷가 호텔은 공기마저 아주 신선했다. 마당에 단독풀장이 있었고, 창문을 열면 야자수 열매가 손에 잡힐 듯 큰 키로 서 있었다. 늦은 아침을 먹은 다음, 온 가족이 수영복으로 갈아입고 향한 '미케비치' 야자수 열매가 주렁주렁한 길을 따라 바다로 나갔다. 계란을 깨트린다면 프리이가 될 것 같은 열기로 후끈한 새하얀 모래밭 위에 떠 있는 하늘빛인지 물빛인지 분간할 수 없는 하늘이 저 멀리 가물거렸다. 게다가 아득한 수평선 위에 떠 있는 뭉게구름은 그림책에서나 보았던 풍경이었다. 바다는 잔잔한 것이 호수 같은데, 바람까지 시원해 몸을 담그니 열대지방의 더위도 순식간에 사라져버렸다.

수영이라고는 땅 짚고 헤엄치기밖에 못 해도 부드럽고 고운 모래밭에서 물속을 걷거나 몸을 담그는 것만으로도 시원하고 흥겨웠다. 사돈댁은 물이 깊은 곳에까지 들어가서 헤엄치며 즐기고 있었다. 사위하고 손녀는 패러세일링(Parachute)을 즐기고 있다. 구름 한 점 없이 탁 트인 '미케비치' 상공을 하늘과 바다의 경계선 분간이 안 되는, 푸른 바닷물에 몸을 풍덩 빠트렸다가 다시 휙 하늘로 솟구쳐 오르는 스릴 있는 묘기는 보기만 해도 오금이 저렸다.

맨 마지막에는 바다 한가운데 떨쳐 놓고는 모터보트가 가서 구조하듯이 태우고 오는 그 장면이 바라만 봐도 무섭지만, 젊은이들에게는 즐겁고 신나는 놀이가 아닌가 싶었다. 우리의 4박5일은 길고도 짧은 여정이었다. 식사 때마다 색다른 음식이 나와서 긴장을 했는데 먹어보니 입맛에 거슬리지 않았으며, 특히 닭국물에 끓인 쌀국수는 한국 음식과 비슷한 맛이어서 우리 집에서보다 더 맛있게 많이 먹었다.

우리 집 주위에 베트남 다문화 가정에 나이 차이가 많은 애기아빠와 젊은 엄마가 살고 있다. 문화도 말도 다른 이국땅으로 시집와서 어려움도 있을 만한데 어린아기를 업고 또 손잡고 나들이하는 모습은 참 보기 좋았다. 우리나라도 더 이상 단일민족이 아니다. 이제 세계는 하나란 말이 실감이 났다.

베트남은 물이 풍부해 벼농사는 4모작도 가능하다 하고 쌀 수출을 세계에서 가장 많이 한단다. 그런데 월남전에 우리나라의 '맹호부대'와 '백마부대'가 지원을 갔던 나라다. 그 긴 전쟁과 대혼란의 시대에 국민들의 생활은 어떠했을지 상상하기 어려운 일이다. 오십여 년 전 베트남 전쟁의 비참한 뉴스 중 '네이팜탄'을 맞은 소녀가 온몸에 불이 붙어 불덩이가 달리는 것 같은 소름 끼치는 모습의 신문 기사와 사진이 아직도 내 기억 속에 남아 있다.

나중에 종군기자의 도움으로 목숨만은 구했다는 기사도 봤다. 전쟁은 끔찍하고 비참한 것이다. 남의 나라 일로만 보이지 않는다. 국가 지도자의 자질과 정책이 문제였을까, 강대국에 끼인 희생이었을까. 우리나라는 이를 반면교사反面教師로 삼아야 할 일이지 싶다.

여행지 여러 관광명소들 중 마지막 날 갔던 '바나힐' 휴양지의 인상이 대단했다. 해발 1,480미터라는 이 고지에 오르니 놀랍게도 한 도시가 나타났다. 세계에서 두 번째로 긴 거리의 케이블카 노선이란다. 이십 분 정도 타고 올라가던 중 밑을 내려다보니 아찔하고 손에 땀이 바짝 쥐어졌다. 그 꼭대기에 프랑스군이 베트남을 점령했을 때 더위를 피해 자기들만의 아지트로 조성했단다. 완공되기까지 그 노동력은 아무래도 자국 군대의 희생이 밑바탕이 됐을 것이라는 짐작이 갔다. 산 아래의 기온은 40도 정도라는데, 거기는 6,7도 가량 낮아 낮 동안의 한더위만 지나면 금방 서늘해진다고 한다. 그 고지에 조성된 도시는 참으로 기가 막히도록 신기한 그림이었다. 전쟁이 끝난 뒤 비워둔 채 있다가 십여 년 전 다시 단장해서 관광 명소가 되었다고 한다. 공연장이며 식당 등 가는 곳마다 여기저기서 한국말 소리가 들렸다. 산 아래를 내려다보니 까마득하고 그 가파른 산중턱에 놀이공원에서 봤던 탈것들이 있어 그걸 타기 위해 서 있는 줄이 장사진을 이루고 있다.

이제 귀국을 위해 서둘러야 했다. 그래도 아직 계획했던 몇 곳의 명소가 남았다고 한다. 거리에는 신호등이 보이지 않았다. 신호등이 없이도 그 수많은 오토바이들이 떼를 지어 곡예를 하듯 달리는 모습은 가관이었다. 좋은 여행으로 즐기고 본, 이 나라 국민의 빈부 격차는 비참하리만큼 컸다.

일정대로 귀국 행 비행기를 타기 위한 '다낭공항'은 자정이 지났는데도, 여행객들은 밤잠을 설치면서도 지치지도 않고 즐거움으로 북적거렸다.

세상은 상상 외로 많이 달라져 가고 있었다.

홈 코리아 노 잉글리시

보름 동안의 여행을 마치고 집으로 돌아가는 날이다. 공항으로 배웅 나온 딸아이는 아직 시간이 많이 남아 있으니 서두르지 말고 앞사람을 보면서 따라가면 된다고 일러주었다. 말도 안 통하는 미국에서 귀국하는 어미에게 당부하는 말이다.

옷가방은 말할 것도 없고 핸드백까지 쏟아내어 보여야 하고 신발까지 벗어서 검색을 하는 동안에 눈도장을 찍어 두었던 앞사람은 어디론가 사라져버렸다. 잘 가라고 손을 흔들던 사위도 딸도, 귀여운 외손녀도 이제는 내 시야에서 떠났다. 이젠 별 도리 없이 나 혼자서 서울까지 찾아가야 한다는 생각이 들자 겁이 덜컥 났다. 행렬 따라 훨씬 멀리 밀려 나가 있는 자신을 보았다.

손에 들린 비행기표에 쓰인 출구 숫자는 아무리 둘러보고 또 봐도 보이지 않았다. 뒤따라가려고 점찍어놨던 앞사람마저 놓쳐

버렸으니 머리가 멍하고 앞이 캄캄했다. 좌우를 돌아봐도 한국인 닮은 사람은 한 사람도 보이지 않았다. 각양각색의 피부색에 줄줄이 빠져나가는 수많은 사람들의 물결, 눈은 청맹과니인데다가 말이 통해야 어디로 가야 한국행 비행기를 타느냐고 붙들고 묻기라도 하지.

워싱턴 국제공항에서 나는 둥지 잃은 아기새가 되었다. 이러다 정말 길을 잃으면 어쩌나. 유학중인 사위와 딸이 친정엄마인 나를 초청했다.

한 달 전에 미국 비자를 받기 위해 여수에서 서울까지 하루 품을 팔았고 다음 날은 미국대사관 앞에서 줄을 서서 두 시간을 넘게 기다렸지만 그때는 우리나라에서 우리말을 할 수 있었고 외손녀와 딸 내외를 만날 것이라는 설렘으로 그 한 나절이 지루하지 않았다. 그리고 인천공항을 떠나올 때도 출국 절차가 매우 까다로웠지만 비행장에 종사하는 사람들이 한국인들이어서 별 어려움이 없었다.

어느새 미국에 온 지 이 주일이 지났다. 나이아가라 폭포의 웅장하고 장엄한 물보라는 미국이 세계의 강국이 된 힘의 근원이 아닌가 싶었다. 배를 타고 그 쏟아지는 물보라 속을 지나올 때의 짜릿함을 감탄하지 않을 수 없었다. 세계 각국에서 밀려오는 관광수입도 대단할 것 같았다. 말로만 듣던 미국이란 나라, 여러 곳의 구경도 잘했다. 그 넓은 땅 가는 곳마다 푸른 잔디밭이 부러웠다.

서울에는 엄마를 기다리는 아들이 있고 또 동기간도 있다.

그런데 여기서 내가 국제미아가 되는가 생각하니 진땀이 나고 다리가 후들거리고 머리가 어지러웠다. 딸이 일러준 시간 여유가 많다는 말은 까맣게 잊어버리고 그저 재깍거리는 초침소리만 귀에 들려오고 있었다.

이렇게 어쩔 줄 모르고 방황하는 내 앞으로 때마침, 비행기 조종사 제복 차림의 백인 남성이 여행 가방을 끌고 지나갔다. 나는 구세주나 만난 듯 쫓아가서 비행기표를 펴 보이며 "홈 코리아 노 잉글리시." 하고 꾸벅 절을 했다. 말이야 되든 말든 염치 같은 건 차릴 때가 아니다. 나에게는 지금 한국행 비행기 출발 시간만이 절박할 뿐이다.

다행히 그 남자는 웃음 띤 얼굴로 알아들었다는 듯이 고개를 끄덕이며 따라오라는 손짓을 했다. 한참을 걸어가다가 또 한 층을 더 올라가고 계속 뒤를 돌아보며 따라오라는 신호를 하면서 걸어갔다. 영락없이 주인 따라가는 강아지 신세가 되었다. 정복을 입었으니 조종사임이 틀림이 없으며 제대로 안내를 해줄 것이라는 순간적인 내 짐작이 적중하기를 하나님께 간절한 기도를 계속하면서 따라갔다.

얼마를 갔을까, 그가 멈춰 서면서 손으로 가리키는 곳에는 대한항공의 태극 마크가 선명하게 눈에 번쩍 띄었다. 더욱이 우리의 태극기도 천장에 걸려 있었다. 어찌나 반갑던지 눈물이 핑 돌았다. 그 백인 남자는 활짝 웃으며 내 등을 토닥여주곤 오던 길을 되돌아 걸어갔다.

태극기를 보면서 이렇게 가슴 벅차기는 우리나라에서 올림픽과 월드컵을 치를 때였다. 그때 태극기의 물결은 그야말로 감격의 도가니였다. 그것은 온 국민이 함께 공감했던 환희였을 것이다.

미국에 와서 태극기를 보는 감동은 두 번째다. 첫 번째는 유엔 본부에 갔을 때다. 뉴욕시로 들어가는 사이 교통이 복잡해서 약속시간이 어긋나 아쉽게도 건물 안에는 들어가지 못했지만, 세계의 안보와 평화를 논하는 그 곳에 우리 한국인이 사무총장의 임무를 수행하고 있다는 자부심과 그 건물 앞에서 힘차게 펄럭이고 있는 조국의 태극기를 보는 순간 콧등이 찡했다.

그리고 조금 전까지만 해도 국제미아가 될 뻔했다가 간신히 만나게 된 태극기는 또 다른 의미와 감동을 주었다. 태극기 아래 앉으니 이미 인천공항에 당도한 것 같은 안도감이 들었다.

출발 시간이 아직도 남아 있다는 것을 확인할 수 있었다. 딸의 말대로 서두르지 않고 차분했더라면, 아니 영어를 모르는 조바심에 더 서둘렀을 자신을 보며 혼자 웃었다. 무슨 일을 괜히 너무 서둘러 사서 고생을 하기도 하고 주위 사람들까지 어지럽게 했던 경우가 더 많았던 것 같다. 그런 내 본성이 나이가 들면 좀 나아지려니 했지만 요즘 들어 더하니 '늙으면 애 된다.'는 옛말이 실감이 난다.

서둘러 잔뜩 긴장을 하고 불안해하는 나에게 친절하게도 길을 안내해 주었던 그 기장機長님은 혹시 시간에 쫓기지 않았는지 지금 어느 나라로 날아가고 있는지, 하나님의 은총이 있기를 진심으로 빌었다.

■ 해설

따뜻한 삶의 성찰과 배려

신병은(시인)

지식은 바깥의 것이 안으로 들어오는 것이지만 지혜는 안의 것이 밖으로 나가는 것이라 했다. 무심히 바라본 가지 끝의 꽃눈 하나에서 하늘의 뜻을 읽어내고, 작은 일상의 흔적에서 삶의 진실을 깨닫는다.

통찰이다.

통찰은 들여다봄이다.

일상과 사물, 자연을 얼마나 제대로 잘 들여다보고 있는가의 문제로, 어떻게 하면 낯익은 모습에서 낯선 모습을 재발견해 내는 문제다.

얼마만큼 제대로 들여다보는가가 통찰이다.

수필은 성찰의 문학이고 통찰의 예술이다.

김영덕의 수필을 만나면 문득 아인슈타인의 일화가 생각난다.

아인슈타인은 아버지가 나침반을 처음 보여주었던 때를 회상했다. 어느 쪽으로 돌려도 나침반 바늘이 항상 북쪽을 가리키는 모습이 어린 소년의 눈에는 무척 신기하게 보였다.

"나는 지금도 생생히 기억하고 있다. 그때 그 경험은 내게 영원히 사라지지 않을 깊은 인상을 심어주었다. 사물의 이면에는 반드시 깊숙이 감춰진 무언가가 있다."

김영덕은 일상적 삶의 응시를 통해 삶의 문제의식을 헤아리고, 그 문제의식을 통해 자신의 삶을 재확인하고 세속적인 것들의 장엄함을 재발견하려 한다.

그녀의 이야기는 언제 어디서나 만날 수 있는 나의 이야기이면서 너의 이야기다.

늘 만나는 이야기지만 낯선 이야기다. 아울러 새로운 가치를 발견하기 위해 먼저 자신을 제대로 들여다본다. 즉 나를 알고 너를 알고, 너를 통해 다시 나를 본다.

그녀의 직관이 통찰로 이어지는 비결인 셈이다.

그녀의 작품을 읽다 보면 세상과 사물을 본다는 것은 눈으로 보는 것이 아니라, 마음으로 읽는 것이라는 점에 동의하게 된다. 보이는 것을 통해 보이지 않은 실체의 관계성을 풀어내는 그녀의 수필은 우리로 하여금 기분 좋은 삶의 공감에 닿게 한다.

그래서 더 정겹고 따뜻하다.

주변의 낯익은 체험과 현실을 통해 진솔한 공감대를 형성하는가 하면 나름의 눈높이로 삶을 성찰하면서 나무랄 것은 나무라며 삶의 본래적 모습을 회복하려 한다. 그리고 인간에 대한 따뜻한 이해가 안겨있는 문체를 구축하면서, 있는 그대로의 모습으로 독자를 만나는 솔직함이 있다.

전남대학교 평생교육원에 문예창작과정이 생겼다는 소식에 한없이 기뻐하는가 하면, 예순 중반을 넘은 나이에 전문대학 사회복지사 늦깎이 공부를 시작해 어린이집 실습을 나가는가 하면, 공부하는 풍경을 남편에서 보여주고 싶어 한다.

이 모두가 아름다운 세상을 향한 그녀의 꿈꾸기다.

"이제 남은 내 삶이 겨울의 저녁볕일지라도 더불어 사는 복지사회, 아름다운 세상의 꿈을 꾼다."라고 했다.

– 〈아름다운 세상을 위하여〉

그래서 그녀에게 노을도 늘 저물면서 아름다운 풍경으로 자리하는 것이다.

우리 사는 세상에는 우리가 평소에 읽어내기 어려운 삶의 기호가 내장되어 있다. 내장되어 있는 이야기를 드러내 보여주는 작업이 창작이다.

주위와 마음을 터놓고 이야기를 나눌 수 있어야 한다.

사실 문학의 언어는 입으로 발화되는 것이 아니라, 마음으로부터 우러나오고 전해지는 것이다. 잔잔한 깨달음이 있어 공감과 울림으로 다가가게 된다.

정호승 시인은 "꽃씨 속에 숨어 있는 꽃을 보려면 고요히 눈이 녹기를 기다려라." 했고 "꽃씨 속에 숨어 있는 잎을 보려면 흙의 가슴이 따뜻해지기를 기다려라."고 했다.

이처럼 삶의 사소함을 통해 세태를 바라보는 잔잔한 깨달음이 문학예술의 매력이다.

그녀의 수필에는 잔잔한 깨달음의 정겨운 풍경이 담겨있다.

주택에서 아파트로 이사를 하면서 살림살이를 버리고 줄이면서 "마음속에 덕지덕지 쌓여 있는 삶의 먼지들"을 보면서 안타깝게 생각하는가 하면, "무엇을 얻으려고 그 많은 시간들을 바동바동 달려 왔는지" 되돌아보는 자아성찰로 이어진다.

정신 줄을 놓아버린 어머님은 어떻게 달았는지 가슴에다 하얀 손수건을 달고 어린 아기처럼 방에서 엉금엉금 기어서 나왔다. 나는 "어머님 손수건은 왜 달았어요." 하고 여쭈었더니 "학교 갈라고" 전혀 예상 밖의 말씀이다. 가슴이 철렁했다.

어머님은 정신을 전부 놓아버린 것은 아니구나. 평생을 묻어두었던 그 찐한 소망만은 꼭 붙들고 계신 것인가.

– 〈학교 갈라고〉

아무리 정신을 놓아버린다 해도 가슴에 평생을 묻고 살아온 소망은 놓아버리지 못하는 어머니의 모습을 통해 '놓는다' 혹은 '놓지 못한다'의 의미를 새롭게 만난다. 그러면서 그 행간에는 너무 쉽게 놓아버리고 잊어버리는 오늘의 세태가 오브랩되면서 애틋한 여운으로 자리한다.

관심觀心이다.

모든 창작은 관심으로부터 시작된다.

관심은 그동안 볼 수 없고 보이지 않았던 것을 볼 수 있게 하는 상상력을 이끄는 가장 중요한 생각 도구이며, 그러면서 생각을 다시 생각하고, 알고 있는 내용을 다시 한 번 뒤집어 보고, 무엇을 생각하는가에서 어떻게 생각하는 가로 전환시켜주는 주요 도구이기도 하다.

잘 보기 위해서는 무엇보다 관심이 필요하다.

관심觀心은 마음의 본성을 본다는 뜻으로 마음으로 본다는 의미도 갖고 있다. 마음으로 볼 때 안쪽의 모습을 볼 수 있다.

관심과 배려는 그녀가 세상을 올바르게 보는 장치다.

관심은 평소에 보이지 않는 풍경을 보게 하고, 들리지 않는 소리를 듣게 한다.

그래서 그녀는 다 말라비틀어진 시클라멘에게도 연민을 느끼는가 하면, 친구에게도, 옛집의 목련나무가 베어지는 모습에 눈물을 보이는가 하면, 첫 미국 여행길에 그이와 찍었던 옛날 사진을 목걸이로 하고 떠난 마음에도 세심한 배려가 안겨 있다.

나무 한그루 풀 한 포기에도 예사롭게 넘기지 않는 세심함과 배려를 보인다.

나무의 꽃눈은 삼 년 전부터 준비하여 저장해두고 크기와 향기까지 미리미리 예비한다는 것이다. 사람은 이해할 수없는 체계적이고 계획적인, 나무의 성장과정은 자연의 진리이자 순리임을 알았다.

……

내일 일도 예기치 못하고 시간의 노예가 되어 이 세상에 혼자 바쁜 것처럼 허둥댔던 자신이 부끄러웠다. 몇 년 전을 예비하고 저장하는 나무의 준비성 그 앞에 작아지는 자신을 발견하고 목련나무를 쳐다보기도 미안했다.

십여 년을 함께하면서도 백목련의 꽃봉오리만 보았지 내면은 읽지 못한 채 꽃을 좋아한다고 했다. 얼마나 봄소식을 알려주고 싶어 잎도 피기 전 꽃부터 보여주는 그 자연의 순리를 알지도 못했다.

– 〈백목련〉

부모님이 수원 오빠네로 이사하면서 고향 친정집에서 옮겨온 백목련이 시들시들한 생태를 보면서 나무의 삶의 지혜를 통해 인본주의적 사고를 반성하고 있다. 인간이 고독하고 외로워지는 것 또한 결국 자연과 단절되기 때문이다. 우리가 아는 모든 것들이 알고 보면 자연에게서 훔쳐온 것, 모방한 것이 아닌가.

나무와 풀, 꽃과 나비, 새와 더불어 사는 삶의 원형이 훼손되면 결국 인간의 삶도 훼손되기 때문이다. 일찍이 아인슈타인은 지구상에 벌이 사라지고 5년이면 인간이 사라진다고 경고한 적이 있다. 인간도 온 생명의 작은 세포임을 일깨워 주면서 자연의 삶을 이해하는 과정을 보여주고 있다.

자연과 더불어 사는 사람이 곧 지혜가 긴 사람임을 일깨워준다.

두 사람의 살아가는 이야기를 듣고 있다 보니 어느 새 버스는 집 앞 정류장에 와 있었다. 나는 그때서야 군고구마 생각이 났다. 실례가 되지 않을까 싶어 잠시 망설이다가 기사님, 하고 군고구마 봉지를 내밀었다.

"아직 따뜻한데 신호 기다릴 때 드세요."

"예, 고맙습니다." 하고 받아주었다.

집에 돌아와서 손을 씻으려니 구수한 군고구마 냄새가 아직 손에 남아 있었다.

따뜻한 저녁이다.

– 〈따뜻한 저녁〉

시내버스 기사의 딱한 입장을 엿듣다 갖고 있던 군고구마를 선뜻 내미는 그녀의 배려를 접하는 독자들도 마음이 따뜻할 수밖에 없다. 배려는 나에게서 너에게로 전염되는 따뜻한 마음의 풍경이다. 사람과 소통하고 사람의 마음을 움직이려면 사람이야기를 하는 게 가장 좋은 방법이다.

사람에 대한 따뜻한 고민과 사랑, 광고든 시든 에세이든 마지막으로 '사람'이라는 한 단어가 가슴에 남을 수 있다면 그게 좋은 글이다,

느낌이 있는 곳, 느낄 수 있는 곳을 찾아다니는 일이 창작의 첫 걸음이다.

카피라이터 정철은 "글은 손이 아니라 눈으로 쓰는 것"이라고 한다.

쓰려면 쓰는 시간보다는 정작 세상을 관찰하는 일에 더 많은 시간을 쏟아야 한다고 강조하는 그의 글쓰기의 키워드도 사람과 만남이라고 강조한다.

그녀의 수필 또한 곧 사람이고, 관찰은 곧 만남인 셈이다.

그녀는 공감을 무기로 독자에게 말을 건네고 있다.

살아서 뜻있는 일 한번 해보지 못한 삶, 사후死後를 생각해보았다. 어떤 경우의 최후를 맞더라도 만약 쓸 만한 장기가 있다면 필요한 이에게 줄 것이며 시신은 의과대학교 연구실 신경과에 주고 싶다. 썩어서 흙밥이 될 나무토막만도 못한 육신이지만 필요한 곳에 쓰인다면 큰 보람이 되겠다.

그리고 사후의 수의는 필요 없다. 평소에 즐겨 입던 한복을 입을 것이

다. 대학병원 해부학실에 들어갈 것을, 내 고운 한복을 두고 수의가 무슨 소용인가. 이렇게 마음을 정하고 나니 마음이 좀 가벼워졌다. 이제 저물어가는 육신일지라도 잘 보존해야겠다는 책임감이 든다.

나도 이름 모를 그 누구의 구호물품이 되리라 생각하니 기쁘다.

– 〈유언장〉

장기기증을 한 그녀의 이 수필을 읽으면 문득 마틴루터 킹 목사의 말이 생각난다.

"내가 죽거든 나를 위해 긴 장례를 할 생각을 하지 마십시오. 긴 조사弔辭도 하지 말아 주십시오. 또 내가 최연소 노벨상 수상자라는 것과 그 밖에 많은 상을 탄 사람이라는 것도 언급하지 마십시오. 그것은 하나도 중요하지 않기 때문입니다. 배고픈 사람에게 먹을 것을 주고 헐벗은 사람들에게 입을 것을 주기 위해 애썼으며, 인간다움을 지키고 사랑하기 위해 몸 바쳤다는 것이 기억되었으면 좋겠습니다."

그녀 또한 누군가의 구호물품이 되기 위해 저물어가는 육신이지만 잘 보전해야겠다는 배려야말로 아름다운 삶의 여정이 아닐까 싶다. 어떻게 하면 추하지 않게 나이 들어 갈 것인가에 대한 길을 넌지시 귀띔해 주면서 나아가 내 삶의 방향은 어떤가를 되짚어 주기도 한다.

이처럼 그녀의 수필은 인간에 대한 이해이면서 삶의 가치를 탐

구하는 작업이다.

인간에 대한 이야기를 하다보니 자연스럽게 언니, 남편, 친정 엄마, 할아버지와의 추억이 많이 등장한다.

특히 오랜 세월이 지나도 늘 손닿을 듯 가까이 있는 언니와의 추억 속은 오늘을 사는 작가에게는 신선하고 샘물 같은 삶을 환기시켜주는 하나의 에네르게로 자리하고 있다.

서로의 배려로 새록새록한 자매의 따스한 사랑을 엿볼 수가 있다.

언니는 언제나 온돌방 아랫목이며 고향이다. 색다른 음식을 먹을 때나 분위기 좋은 찻집에서는 꼭 나를 불러 챙긴다. 늘 받기만 하는 마음이 괜히 서러워지다가도 동기간의 따뜻한 정에 새삼 삶의 활력을 얻는다.

– 〈시클라멘〉

밤이 깊은 줄도 모르고 등잔불 켜놓고 손수 지은 옷들을 차곡차곡 장롱 속에 넣어 두고 또 수틀을 챙겨 바늘에 색색 비단실을 꿰면 꽃이 피어나고 나비는 춤을 추었다.

그때 언니의 곱게 땋아 내린 머리끝에 빨강 댕기는 방바닥까지 가지런히 나비가 사뿐히 앉은 듯 더욱 더 그 자태를 아름답게 해 주었다. 마치 한 폭의 수채화처럼. 그런 언니는 음식솜씨도 친정어머니를 닮아 더욱 좋아 친척이나 이웃의 크고 작은 일에 대범하게 앞장을 서기도 했다.

이렇듯 진솔하고 심성이 샘물 같은 심지 굳은 언니가 청상이신 시어머님과의 연단鍊鍛 같은 삶을 이어가고 있다. 어쩌다 자매가 앉으면 내밀한 마음을 열고 눈시울을 적실 때가 있다. 누구도 나누어 질 수 없는 바윗돌 같은 생활의 현실을 털어놓아 보지만 서로가 할 말을 잃는다.

주어진 인고의 길을 지혜롭게 가기 위해 언니는 날마다 마음에 창을 닦고 또 닦는다고 했다. 오늘따라 언니의 곱던 눈가에 잔주름이 늘어나고 손이 거칠게만 보여 나도 거기에 한목 더한 것 같아 가슴이 아리다.

– 〈김치 맛〉

"그제야 우리 자매도 서로 얼굴을 마주볼 수 있었다. "언니 얼굴은 점순이야." "야 너는 깨순이다." 우리 자매는 오늘의 일에 흐뭇해하며 함께 웃었다."

늘 부지런한 언니에게 강 사장의 딱한 사정 이야기를 했더니 언니는 "이 한여름에 생물을 두고 오죽 급했으면 너한테까지 전화를 했겠느냐 고양이 발톱이라도 아쉬운 게지" 우리 자매는 강 사장이 일러준 작업장으로 찾아갔다.

– 〈멍게〉

언니에 대한 일화는 많은 수필에 자리하고 있다. 그녀에게 언니는 고향집의 아랫목과 같아 언제나 삶의 활력이 되어주지만 서로 많이 닮아 있다. 남의 어려움을 그냥 지나치지 못하고 나보다는 먼저 곁과 이웃을 챙기는 배려도 그렇고, 주어진 인고의 길을 지혜롭게 가기 위해 날마다 마음에 창을 닦고 또 닦는 삶의 모습도 그렇다.

그녀의 수필을 만나면 수필은 사람에 대한 이야기, 사람이 쓰고 사람이 읽는 이야기임에 틀림없다는 것을 알게 된다. 사람을 소재로 한 이야기는 가장 재미있고 힘 있고 마음을 잘 움직일 수 있는 소재와 주제다.

그녀에게 언니는 곧 사람에 대한 따뜻한 사랑이다.

그래서 그녀를 통해 때묻지 않은 삶의 순수서정을 만난다.

생텍쥐 페리는 어린왕자에서 우리는 어렸을 때 간직했던 순수한 마음은 어른이 되면서 때가 묻어 어떤 것이 나에게 소중한 것인지를 모른 채 늘 피상적인 것들만 좇는 어리석은 어른이 되어버린다며 진짜 중요한 것은 겉으로 들어나지 않고 중요하게 생각하는 것에 스스로 의미를 부여하고 지속적으로 관계를 맺고 책임을 다하는 것임을 알지 못한다고 했다.

우리에게 사물을 바라볼 때 겉모습이 아닌 본질을 바라보는 눈과, 중요한 것과 중요하지 않는 것을 구분할 줄 아는 지혜, 의미를 부여하는 것과 부여하지 않는 것의 차이, 내가 관계를 맺고 있는 것의 의미를 생각하게 하고 깨우쳐 준다.

‘서산엔 저녁놀이 유난히 붉게 물들어 있었다. 이 근래 언제 저리도 곱게 타는 저녁놀을 보았던가, 가슴이 벅찼다. 아들의 아파트 베란다에서 바라보는 하늘 끝 저 고운 저녁놀, 할 일을 다 마치고 집으로 돌아가는 행복한 모습 그것이었다.’

– 〈저녁놀〉

굳이 황혼이니 인간의 늙음이니 하는 식상한 말을 떠올리지 않아도 노을의 표정으로 그녀가 전달하고자 하는 의미체험을 정겹게 만날 수 있다. 노을에서 할 일을 다 한 사람의 홀가분하고 스스로 행복한 모습을 본다.

생전 듣도 보도 못한 것은 지식도 상상도 될 수 없다. 이미 만나고 접했던 표정과 표정들이 서로 만나고 통하고, 융합하고, 크로스오버 하여 삶의 표징으로 나아감을 알 수 있다.

그녀의 수필에는 서사성이 강점으로 자리한다. 삶의 잔잔한 일상이 지나간 시간의 포즈로 자리하고 있어 읽는 재미가 더해진다. 읽다보면 더 읽는 속력이 서서히 빨라지면서, 읽고 나면 삶의 잔잔한 여운이 감돈다.

작은 일상의 틈새를 열어 바라보는 5·18의 역사성도 하나의 사건을 두고 바라보는 동생과 오빠의 극과 극을 오가는 두 시각

을 짚어내며, 비극성을 그려낸다. (〈우유와 광주 5 · 18〉)

그녀의 이야기는 한결같이 아프다. 아프면서 가슴 따뜻한 사랑이야기로 자리하고 있다. 어떻게 보면 그녀의 삶의 여정이 여과없이 날 것 그대로 고스란히 담겨있는 자전적 에세이로서 그녀의 삶을 오히려 객관화시켜 두고 있다.

자기 삶을 곁에서 누군가가 들여다보고 있는 것 같아 정직하고 솔직하게 다가간다.

'머리'로 이야기 하는 것이 아니고 '심장'으로 하는 것도 아니고 '온몸'으로 밀고 나간다.

다양한 삶의 통로를 지나온 경험들과 일상의 서사가 스며들어 비로소 공감의 빛을 발하는 것이다.

익숙했던 습관들은 쉽게 버려지질 못한다. 옷장이나 손때 묻은 유품들을 정리하면서도 아직 온 집안에 배어 있는 어머님 냄새는 내 주위를 맴돌고 있다. 아랫목에 누워서 금방 물을 달라, 일으켜 달라고 하실 것만 같다.

시집온 후 줄곧 함께 살아오면서 진일 마른일을 함께 겪었던 많은 일들이 방안 가득 나와 선다. 여러 시동생들 혼례 치르던 일, 특히 시집 왔을 때 초등학교 4학년이던 막내 시동생이 새살림 차리던 날, 또 내가 가게를 처음 시작하면서 젖먹이를 떼어 놓고 일을 하러 나갔을 때, 물건

구입하러 서울 가서 밤을 새우고 왔을 때 등등 어머님이 계셨기에 안심이 되었던 기억들이 나를 짓누른다.

– 〈빈자리〉

어머니의 빈자리를 통해 지난한 삶의 여정을 되돌아보는 풍경을 보더라도 삶은 포장이 아니라, 그 자체로 늘 나를 향한 그리움이고 나를 따뜻하게 품어주는 일이다. 그리고 세상을 아름답게 하는 출발이 된다.

그녀의 수필은 한결같이 마음 컨설팅이고 마음을 챙기는 일이다. 소중한 것을 곁에 챙기는 일이면서 어떻게 하면 인간이 인간다울 수 있고, 어떻게 하면 인간이 인간답게 살 수 있을 것인가를 고민하는 인문학의 중심에 있다는 것을 또 확인하게 된다.

우리는 느낌이 중요한 EQ의 시대에 살고 있다.

맹자는 세상을 살아가는 태도와 방법을 말하고 새로운 문명이 나아가야 할 길에 대해 말하고 함께 만드는 건강한 세상, 아름다운 인문사회를 만들자고 했다.

그리고 세상이 무엇인가를 알고, 우리가 누구인가를 알고자 했다.

맹자가 말한 대장부大丈夫도 '인간다운 인간' 세상을 제대로 굴러가게 하는 상식과 행동을 만드는 사람, 즉 여민동락與民同樂의 세상을 만드는 사람이라 했다.

그녀의 수필을 읽다보면 나도 모르게 '어떻게 살 것인가?'하는 근원적 물음에 동행하게 된다.

어지러운 머릿속을 가다듬어 병원과 가게를 하루걸러 다녀야했다. 새벽차로 가게에 와서 일하고 다음날 막차로 병원으로 돌아가는 생활이 반복됐다.

애타고 목마른 우리 가족의 소망 같은 것은 아랑곳없이 의사의 말대로 남편은 늑막염, 폐 기흉氣胸, 방광염 등 마침내는 목에 구멍을 뚫어야 숨을 쉴 수 있는 최악의 사태, 게다가 욕창까지 생겼다. 욕창이 그렇게 무서운 병인 줄도 미처 몰랐다. 온 힘을 다해 우리 가족이 매달리는 정성도, 의사들의 치료에도 남편의 신경은 돌아올 기미는 보이지 않은 채 반년이라는 세월이 훌쩍 지나갔다.

병원에서는 더 이상 치료가 소용없으니 퇴원을 하라고 했다. 아무것도 달라진 게 없는 무너진 남편을 집으로 옮겨 올 수는 없었다.

– 〈그녀의 영원한 전원, 망치소리〉

불의의 교통사고 당한 남편을 간호하랴. 가족의 생계를 책임지랴. 그녀의 삶은 단 하루도 그녀를 위한 시간이 아니었다. 한마디로 숨고르기 한번 할 수 없는 극한상황의 연속이었다.

하루 걸러 병원과 가게를 오가면서, 그것도 새벽 첫차와 막차를 타고 오간 그녀를 보면서 문득 아픔은 어떤 사람이 다른 사람을 괴롭혀서 시작되는 것이 아니라, 누군가가 너를 사랑한다고 말하는 그때에 시작된다는 말이 생각난다.

사랑은 아픔이란 말이 가슴깊이 들어와 앉는다.

그녀에게 사랑은 운명이라기에 너무 가혹했지만, 그럼에도 그녀의 사랑은 운명이 아니라 그 자체로 지순지고한 삶의 여정임을 알게 된다.

세상은 이야기 구조로 되어 있다.

이야기는 인간의 존재 조건이며, 인간은 이야기를 하기 위해 산다고 해도 과언이 아니다.

어떻게 보면 이야기하기 위해서 산다는 말이 맞는 것 같다.

이야기를 하더라도 좀 더 건강하게 삶을 바라보는 시선이 좀 따뜻해지면 좋겠다.

그녀의 수필에는 한결같이 시적이면서 서정적이면서 시적인 이야기가 있어 읽는 재미를 더해준다.

이마에 흘러내린 머리카락을 쓸어 올려 주면서 '나 오늘 좀 늦을 것 같아요' 출근 인사를 하는 아내에게 대답 대신 "개나리가 곱다. 목련이 지고 그 자리를 개나리가 채웠어 저걸 언젠가 우리가 낚시 갔다가 오면서 사다 심었지."

남편은 지금 흐드러진 개나리 꽃 무리 속에서 건강했던 봄날의 외출을 보고 있습니다. 파란 하늘을 이고 곱게 핀 철쭉꽃 길 따라 산 노루 뛰놀던 한라산 등산도 함께 하고 있습니다. 자라지 않는 아이가 된 남편은 아내가 못 미더워 출근하는 아침마다 이것저것 귀찮을 정도로 챙깁니다.

내가 어린앤가요? 한마디하고는 고개를 돌려 총총 걸음으로 대문을 나섰습니다.

남편이 걸어서 한라산까지 갔던 때가 정말 있었을까, 손수 성경 66권을 썼던 일이 사실일까, 시린 발걸음 위에 뜨거운 눈물로 개나리꽃잎이 흩날립니다.

해마다 피고 지는 봄꽃을 보며 남편은 바람에도 시들지 않을 개나리를 가슴으로 피우고 있습니다.

– 〈개나리〉

"나 오늘 좀 늦을 것 같아요."

'개나리가 곱다. 목련이 지고 그 자리를 개나리가 채웠어. 언제가 우리가 낚시 갔다가 오면서 사다 심었지' 불의의 사고로 휠체어에 의존해 생활하는 남편과 나누는 대화는 다분히 선문답이지만 그만큼 마음과 마음이 통한다는 뜻이다. '남편은 지금 흐드러진 꽃무리 속에서 건강했던 봄날의 외출을 보고 있다.'는 시적인 은유의 의미를 헤아리게 된다. 말하지 않아도 서로를 아는 공감대로 고요한 존재로서의 자신을 확인한다.

도둑의 마음으로 살면 도둑이고, 범인의 마음으로 살면 범인이고, 천사의 마음으로 살면 천사고 하늘의 마음으로 살면 하늘이란 말의 의미를 실천하고 있는지 모른다.

소슬바람 따라 가시별 하나 내려와 창문가에 기웃거리는 밤입니다. 당신의 몸을 돌려 눕혀주고 넘어다 본 건너 방에는 아들딸이 모처럼 만에 옛 둥지에서 편한 잠에 취해 있습니다.

부모 그늘에서 못 벗어난 줄 알았는데 어느새 우리에게 그늘이 되겠다고 합니다. 듣기만 해도 대견하지요. 나는 가슴이 설레어 쉬 잠들지 못하고 있습니다.

잠든 당신은 미소 띤 얼굴이군요. 몇 년 전 손잡고 한라산을 오르던 꿈이라도 꾸는지요. 엊그제 같은, 눈에 선한 그 일들이 저만큼 가버린 그리움이 되고 말았습니다.

오 년이라는 짧지 않은 시간을, 행여 빼앗긴 건강을 찾을 길이 있을지 간절함 앞세워 어둡고 긴 터널을 헤매고 다녔지요. 살아있다는 것은 아픔의 연속인 당신에게 짜증을 낸 적도 많았지요. 이내 후회하면서 말이에요. 내가 아무리 힘들어도 당신의 고통에 비하지 못할 것을.

다만 가슴으로 말할 뿐입니다. '가족이라는 질긴 동아줄이 우리를 단단히 동여매고 있어요.'

여보, 힘내세요.

그리고 약할 때에 강함 주시는 그분께 간절히 기도해요.

고통도 외로움도 녹일 수 있는 사랑의 힘을 달라고.

– 〈고통도 외로움도 녹일 수 있는〉

사랑의 힘이 곧 성性이다.

내 마음 속에 있는 하늘의 마음이 性이다.

성性은 마음 心과 살 生으로 이루어진 글자로 '살고 싶은 마음 혹은 마음으로 산다.'라는 뜻이다.

그녀의 수필을 읽다보면 하늘의 마음을 읽는다.

하늘의 마음이 아니고서는 참으로 견디기 힘든 세월이지만 사랑의 힘으로 이겨낸다. 오히려 나보다 더 힘든 남편의 마음을 헤아리면서 힘내라고 격려하고 다독인다.

하늘의 마음은 그녀의 마음속에 있어 그녀의 마음이 곧 천국임을 알게 된다.

천국으로 가는 길은 높은 곳으로 가는 길이 아니라, 낮은 곳으로 가는 길이고, 받으려는 마음이 아니라 주려는 마음이고, 채움이 아니라 비움이라는 것을 그녀의 수필을 통해 알게 된다.

살맛나는 세상을 향해 스스로 넓어지고 스스로 깊어질 줄 아는 그녀의 수필은 결국 내 마음속 풍경의 만남이다.

김영덕 수필집

따뜻한 저녁

인쇄 2018년 7월 01일
발행 2018년 7월 05일

지은이 김영덕
발행인 서정환
펴낸곳 수필과비평사
주소 서울시 종로구 삼일대로 32길 36(익선동 30-6 운현신화타워 빌딩) 305호
전화 (02) 3675-3885 (063) 275-4000 · 0484
팩스 (063) 274-3131
이메일 sina2347@naver.com essay321@hanmail.net
출판등록 제300-2013-133호
인쇄 · 제본 신아출판사

ISBN 979-11-5933-165-7 03810
값 13,000원

이 도서의 국립중앙도서관 출판시도서목록(CIP)은 서지정보유통지원시스템 홈페이지(http://seoji.nl.go.kr)와 국가자료공동목록시스템(http://www.nl.go.kr/kolisnet)에서 이용하실 수 있습니다.(CIP제어번호:CIP2018020499)

Printed in KOREA